Elisabeth ERRERA

Visualiser pour mieux accompagner

Livio Éditions

Préface de *Éric Dexheimer*

   Vous tenez entre les mains un livre rare… il est le fruit de nombreuses années d'expérience. C'est un cadeau pour les coachs, bien sûr, mais aussi pour tous les métiers de l'accompagnement. Une véritable transmission.
Elisabeth Errera est la première penseuse visuelle que j'ai rencontrée et observée dans sa pratique. J'ai de suite été fasciné par sa technique de travail et de prise de notes.
Nous étions dans une salle de cours. Toute une promotion de jeunes coachs-consultants travaillant dur à l'obtention de notre diplôme.
Dans cet océan de technicité et d'informations délivrées au pas de charge par nos professeurs, nous étions submergés, quasiment en apnée, malmenés par le ressac. Nous griffonnions frénétiquement sur du papier ou tapotions nos éléments de compréhension sur un ordinateur portable. Pendant ce temps-là, la penseuse visuelle, elle, surfait sur les vagues.
Elle accueillait tous les aspects théoriques, virevoltait le nez dans des embruns de mots et naviguait en souplesse entre les concepts de cette discipline transversale des sciences humaines qu'est le coaching.
Le regard bien tourné vers l'horizon. Efficace…
La penseuse visuelle pouvait, dès lors qu'elle avait exprimé sur le papier ses émotions, intuitions, symboles et idées, nous réexpliquer in extenso le cours, alors que moi j'arrivais parfois à peine à me relire…
Cette femme de peu de mots faisait tout cela avec style et gestes amples ; des petits crayons de couleurs, des surligneurs, une gomme, une petite règle, une panoplie de crayons noirs… que sais-je encore… du matériel d'écolier quoi ! J'étais un peu jaloux.

L'auteure nous invite dans cet ouvrage à surfer avec elle dans son univers de la visualisation, de la carte mentale et du sketchnoting. Ainsi guidés, professionnels de l'accompagnement ou non, vous pouvez être certains qu'après lecture de cet ouvrage, vous tiendrez bon sur la vague.

Depuis des années, le photographe que je suis a spécialisé et adapté son langage, son regard et sa pensée à une narration par l'image. Faire une image est toujours une prise de risques. Je ne parle pas ici de nos photographies de vacances ou de celles qui alimentent nos réseaux sociaux, mais bien de cette photographie qui engage émotionnellement son auteur et celui qui la contemple.

Capter LE moment n'est pas chose aisée... En soustraire une architecture, un esprit de la forme, du sens est toujours un pari.

Henri-Cartier-Bresson parlait en son temps de saisir l'instant décisif.

Le coach que je suis respecte profondément l'outil proposé par « Elie » dans son ouvrage car j'y retrouve les mêmes sensations. Un type d'expérience unique à chaque prise de note. Ici tout a son importance, le mot doit être juste et la matérialisation par les symboles ou le dessin efficace et pertinente. Une manière de pratiquer « l'instant décisif » en quelque sorte.

L'auteure dans son utilisation spécifique pour le coaching (mais pas que), nous fait travailler notre synchronisation, notre écoute et notre empathie.

La profession de coach qui aime bien les acronymes et les moyens mémos-techniques appréciera dans la proposition d'Elie les 4R qui résument son art de l'utilisation de la pensée visuelle et du résumé par le dessin au service de nos clients : Reformulation - Recontextualisation - Renforcement - Résumé.

La pratique de la visualisation, de la carte mentale et du sketchnoting fait appel à nos sens parfois un peu en retrait et nous permet de développer notre intuition, notre lâcher-prise et bien sûr... notre justesse de propos.

Je terminerai en citant Pablo Picasso qui aurait dit « J'ai mis toute ma vie à savoir dessiner comme un enfant ». Je vous invite par les mots du grand peintre à vous saisir de cette clef, à convoquer cet enfant-là, à le laisser émerger, s'exprimer dans cet exercice qui peut être ludique et à faire confiance à votre intuition.

Je vous souhaite une bonne lecture et un beau voyage visuel et émotionnel.

Éric Dexheimer est photographe documentariste auteur de plusieurs monographies et coach professionnel certifié membre de l'EMCC

Eric Dexheimer a trouvé dans sa photographie son propre rapport au monde entre l'interrogation, l'empathie, la transcription et la confrontation. La photographie est devenue pour lui l'objet de ses transactions avec chacun des territoires qu'il arpente. Elle est ce qu'il reste de visible et de transmissible de ces expériences, entre politique et esthétique, entre la vie des uns et le savoir des autres.

Après une collaboration de 12 ans avec l'Agence EDITING. Il est Membre du Groupe SIGNATURES Maison de Photographes, qui le représente depuis sa création en 2007. Il travaille actuellement à un grand projet sur les perceptions de la mort « In Fine » premier opus (travail finaliste du prix de l'Académie des Beaux-Arts et du prix Scam), suivi par un travail sur le crime et la violence
« Primal, Une théorie de la Violence ».

Ses travaux sont entrés dans des collections privées et nationales (Musée Français de la Photographie) et régulièrement exposés.

INTRODUCTION

Penseuse visuelle, voilà comment je me définirai. J'utilise depuis des années les cartes mentales pour prendre mes notes ou clarifier mes idées. Alors que j'étais en formation à Linkup coaching, pour devenir coach consultante professionnelle, j'ai eu la chance d'avoir une promotion qui a été très réceptive à mes prises de notes et qui m'en a fait part. L'idée a très vite émergée que je devais me servir de cette faculté pour accompagner mes clients. Oui, mais comment ?

Au **hasard** de mes premiers coachings entre élèves, j'ai dessiné naturellement ce que les personnes me disaient. Et par **chance**, leur retour a été très positif. Cela m'a beaucoup interpelée. La visualisation par le dessin de leurs dires et ressentis avait un impact sur eux. Tous me parlaient de résonance face à l'organisation arborescente de leurs idées, favorisant ainsi la prise de conscience. Alors, il ne manquait plus qu'un peu de **sagacité** pour oser imaginer en faire mon sujet de mémoire et plus tard ce livre que vous tenez entre les mains.

Hasard, chance et sagacité, voici tous les ingrédients de la **sérendipité** réunis pour mettre en exergue le concept qui se cache derrière : « Quand on ne cherche pas, on trouve ». Je ne cherchais pas et j'ai trouvé une belle problématique :

« *Est-ce que les outils de la pensée visuelle peuvent devenir outils au service du coaching ou de tout accompagnement ?* ».

Pour des raisons pratiques, je garde tout au long de ce livre les mots « coach et coaché ou client » qui peuvent être remplacés par les mots « thérapeute et patient » parce que cette méthode peut s'appliquer à toutes sortes d'accompagnement.

Mes recherches ont d'abord porté sur la théorie et les concepts que sous-tend la pensée. Il m'a semblé alors nécessaire de faire un petit tour du côté des recherches en neurosciences pour comprendre l'impact de la pensée visuelle et de sa mise en pratique notamment grâce à la visualisation. Puis, je me suis penchée sur les divers outils existant pour passer de la pensée visuelle à l'écriture visuelle. Les cartes mentales et le sketchnoting ont particulièrement retenu mon attention…

La mise en pratique en coaching de ces outils fait l'objet de ma deuxième partie. Étayé par un questionnaire rempli par mes clients, ce chapitre propose des exemples d'utilisation de ces outils visuels et pose leurs avantages, mais aussi leurs limites possibles en situation pour les différents protagonistes : le coaché, le coach, la relation coach/coaché.

Pour vous faire vivre l'expérience de la pensée visuelle, tout au long de ce livre, des cartes mentales et des sketchnotings résumeront à leur manière les propos tenus. Ainsi, vous pourrez mesurer l'impact de ces visualisations sur vous-même.

Bienvenue dans le monde de la pensée visuelle

1 - THÉORIE

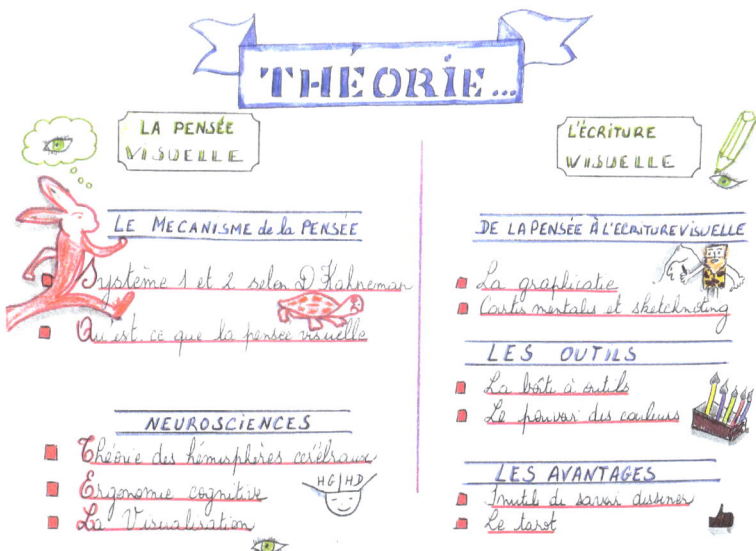

1.1 La pensée visuelle

1.1.1 Le mécanisme de la pensée

« Cogito ergo sum », disait Descartes

« Je pense donc je suis » ou autrement dit au moment où je pousse le doute à l'extrême en doutant de tout ce que je suis et de tout ce qui m'entoure, je ne peux douter qu'à ce moment précis je suis en train de penser donc d'être.

La première question de ce livre n'est pas au niveau de l'être, mais la question est :

« Qu'est-ce que la pensée ? Platon l'a très bien définie : c'est "un dialogue invisible et silencieux de l'âme avec elle-même".

Au-delà de cette définition spirituelle et philosophique, Daniel Kahneman a défini la pensée sous la forme de deux systèmes.

1.1.1.1 Système 1 et 2 selon D. Kahneman

Daniel Kahneman, propose dans son livre intitulé « Système 1 et système 2, les deux vitesses de la pensée »[1] d'expliquer le fonctionnement de la pensée en la scindant en deux systèmes.

Dans l'introduction, on peut trouver deux exercices concluants et démonstratifs.
  ➢ La photo d'une femme en colère qui va illustrer le système 1
  ➢ La multiplication **17x24** qui illustre le système 2.

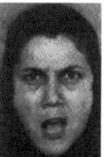

Le système 1 : « **PENSÉE RAPIDE** » « fonctionne automatiquement et rapidement, avec peu ou pas d'effort et aucune sensation de contrôle délibéré ». En voyant la photo, nous avons des pensées intuitives sur cette femme telle une pensée automatique aussi rapide que la photo s'est présentée à nous.

Ce système est responsable de notre impulsivité.

---

[1] Kahneman D. *Système 1 et système 2, les deux vitesses de la pensée.* Paris:Flammarion, 2011.

Le système 2 : « **PENSÉE LENTE** » prend plus de temps « C'est un travail mental délibéré, ordonné, qui nécessite des efforts ». Il est responsable du contrôle de soi.

Ce qui est intéressant c'est que lorsque nous pensons à nous-mêmes, nous pensons être en mode de pensée système 2. Nous raisonnons, nous avons des convictions qui nous amènent à penser, à prendre des décisions et donc à agir et à faire. Mais attention, celui qui est au cœur de l'action c'est le système 1 qui sans effort est à l'origine de nos impressions et de nos sentiments.

Conseil : Si le système 1 parle, il est bon de prendre les commandes en utilisant le système 2, car impressions peut rimer avec illusions.

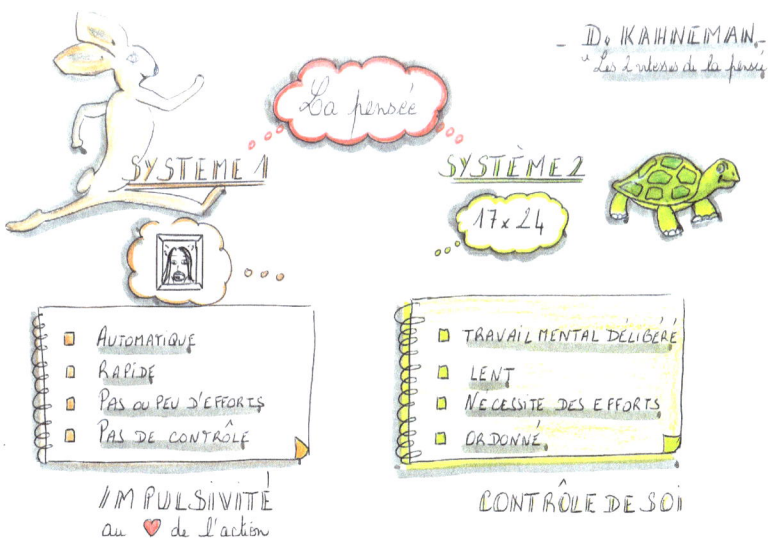

1.1.1.2 Qu'est-ce que la pensée visuelle ?

Mais alors qu'est-ce que la pensée visuelle ? De quel système de pensée relève-t-elle ?

À travers nos cinq sens, nous percevons des informations que notre cerveau va encoder. Nous nous fabriquons ainsi des représentations internes qui nous amènent à réfléchir et donc à penser.

Nos facultés de perception sont au nombre de cinq réduites à trois pour plus de facilité : visuelles, auditives et kinesthésiques (regroupant kinesthésiques, olfactives et gustatives). La pensée va donc se former sur ces perceptions et on peut ainsi nommer deux grandes sortes de pensées :

➢ **La pensée linguistique ou auditive** qui est linéaire, logique, analytique, structurée et soumise au temps. Elle est située dans l'hémisphère gauche et aide à résoudre des problèmes simples.

➢ **La pensée visuelle**, quant à elle, est comme une image, une vue d'ensemble provenant de l'hémisphère droit de notre cerveau. Elle aide à résoudre des problèmes complexes surtout lorsque les données manquent. Cette approche est plus spatiale et sensorielle s'appuyant davantage sur l'intuition, le ressenti et les émotions.

En cela, la pensée visuelle relèverait donc du système 1 pour l'intuition dont elle fait preuve et du système 2 quant à la réflexion qu'elle amène.

Schématiquement, la pensée navigue donc entre l'hémisphère gauche siège du langage et l'hémisphère droit siège de l'image, se déplaçant au gré des interactions entre la pensée visuelle et linguistique. La pensée est multiple. Ce sont les sensations physiques d'émotion, de représentations symboliques, de mouvement qui crée le langage interne sur lequel repose la pensée.

1.1.2 Neurosciences

1.1.2.1 Théorie des hémisphères cérébraux

Il n'existe pas de penseurs seulement verbaux ou uniquement visuels, mais tous ont vraisemblablement une prédisposition plus ou moins développée à réfléchir de manière linguistique et auditive ou à utiliser la pensée visuelle. De nombreuses recherches au sujet de la pensée visuelle sont en cours, mais cette théorie a pour l'instant peu de fondements scientifiques. Toutefois même si certains parlent de « neuromythe », parce qu'on ne peut encore prouver la réalité physiologique, la théorie des hémisphères cérébraux de Roger Sperry apporte une explication sur le mode de fonctionnement du traitement de l'information par le cerveau : linéaire ou visuel. Les mots activent la partie gauche du cerveau et les images la partie droite. Les mots couplés à l'image engendrent la pensée visuelle. Voici une planche tirée de la vidéo de Cyril Maître sur la pensée visuelle[2].

1.1.2.2 L'ergonomie cognitive

Pour cela, selon Cyril Maître[3], il faut faire preuve d'ergonomie cognitive dans le sens de « rechercher différents moyens pour adapter l'information pour qu'elle soit mieux traitée par le cerveau et soulager la charge mentale. Cela est applicable dans **trois grands domaines** » que l'on retrouve dans le coaching et donc l'accompagnement en général.

---

[2] https://www.youtube.com/watch?v=Kl2PbMMFoYk
[3] https://www.youtube.com/watch?v=DYMfVInB4cY

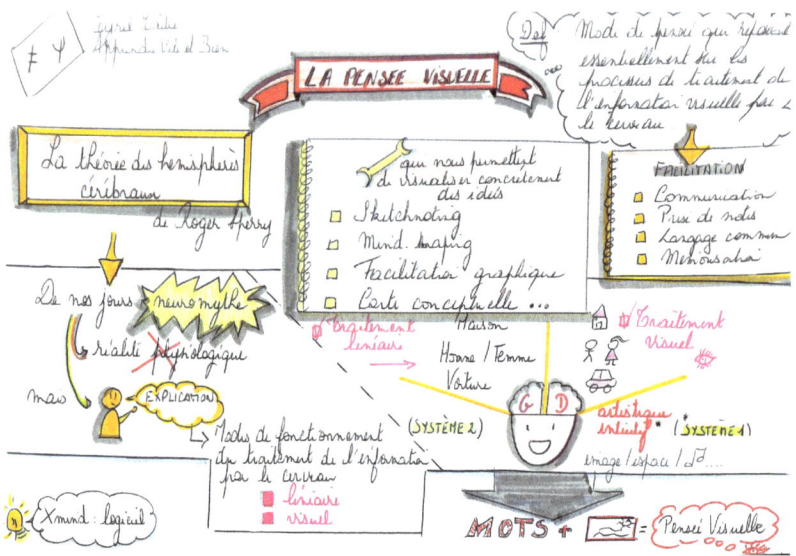

➢ **Apprentissage** : mieux apprendre, mieux enseigner, mieux former *et maintenant mieux accompagner* !
➢ **Communication** : plus impactant, plus claire, plus compréhensible, plus mémorable.
➢ **Clarification** : mieux réfléchir, mieux organiser ses idées, mieux clarifier.

Pour mettre en œuvre, l'ergonomie cognitive, il existe trois leviers :
➢ **L'empan mnésique** : l'être humain peut appréhender 7 plus ou moins deux informations sans utiliser de stratégies pour les retenir.
➢ **Double codage** : selon une théorie d'Allan Paivio[4], le message est plus clair lorsqu'on le fait passer par le

---

[4] Allan Paivio est un psychologue canadien qui a redonné une place à l'étude de l'imagerie mentale et à la compréhension de son rôle dans le fonctionnement cognitif humain.

canal auditif et visuel, d'où l'intérêt des outils de la pensée visuelle qui font appel en plus au canal kinesthésique.

➢ **Effet de primauté et de récence** : soumis à une masse d'informations, on retient plutôt le début et la fin de cette information. Ce qui est au milieu reste plus ou moins flou. Il est donc important en début de séance de reprendre des mots clés ou poser des questions dont les réponses sont les mots clés et en fin de séance redonner ces mots clés pour ancrer les idées.

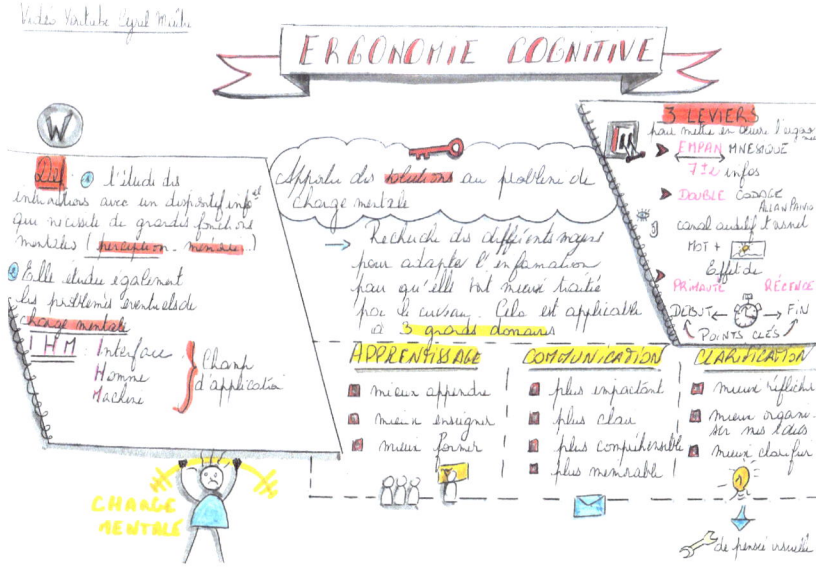

Conclusion :

« Chaque système de pensée développe alors des capacités spécifiques à organiser un certain type d'informations, ainsi de la pensée visuelle et figurative découlera la fascinante mémoire eidétique ou dite encore mémoire absolue » telle que le décrit Borges dans « Fiction »[5]. Cette mémoire permet donc de se

---

[5] Borges dans une de ses nouvelles intitulée « la mémoire de Funes » dans Fictions [8]

souvenir d'un grand nombre d'images, de sons ou d'objets dans les moindres détails.

La mémoire eidétique s'avère être essentielle dans la prise de décision.

Lorsqu'il s'adresse à quelqu'un, le penseur visuel traduit les images qu'il a dans la tête en mots. Autrement dit, *« **voir pour comprendre, dire et agir »**, voilà quatre verbes qui définissent bien le processus de tout accompagnement.*

1.1.2.3 Qu'est-ce que la visualisation ?

Grâce à la pensée, nous pouvons visualiser. En m'appuyant sur le livre *la visualisation positive pour les nuls*[6], voici, ce qu'il en ressort. Il existe deux sortes de visualisation :

➢ Visualisation non guidée

Penser (à des choses, des lieux, des personnes…), rêver, avoir des flashs est autant de visualisations non guidées, à savoir que ces pensées apparaissent en nous sans que nous puissions expliquer leur provenance. On parle aussi de « vagabondage mental ». Cela se fait naturellement et quotidiennement et *donne du sens à la vie*.

➢ Visualisation guidée

Visualiser positivement c'est définir, réaffirmer, atteindre ses objectifs grâce à une visualisation de renforcement. La visualisation permet ainsi de *façonner son avenir*. Ceci se fait consciemment et demande un effort.

Comment alors visualiser permet d'atteindre son objectif ?

Dans les faits, *le subconscient ne fait pas de différence entre ce qui est imaginé et ce qui est réel.*

Grâce à la neuroplasticité du cerveau, c'est à dire grâce à la capacité de ses neurones de se modifier et de se renouveler en

---

[6] Nixon R. et Lancelot A. (2017) *La visualisation positive pour les Nuls.* Paris : Editions First

fonction des expériences affectives, psychiques et cognitives que nous vivons, visualiser la réussite d'un objectif crée un nouveau sillon neuronal au bout de trois semaines à peine. Ce sillon, à force d'entraînement, peut devenir un chemin puis au bout de 6 mois une autoroute neuronale. Et c'est ainsi qu'on remplace une habitude par une autre.

Attention l'inverse est aussi vrai : visualiser un scénario catastrophe crée des sillons neuronaux négatifs.

Le cerveau est l'outil qu'utilise le mental pour atteindre l'objectif. Pour cela, il faut le brancher en ondes alpha afin d'avoir une meilleure perception de ses sens et de son intuition. Mais comment puis-je faire cela ?

Tout simplement, il faut créer un pont entre le conscient et le subconscient en ayant un état de conscience modifié entre la veille et le sommeil autrement dit en ralentissant nos ondes cérébrales.

Simplement dit, fermez les yeux, respirez lentement et ainsi vous sortirez d'une visualisation consciente en ondes bêta (état d'éveil) pour passer en ondes alpha (état de sommeil).

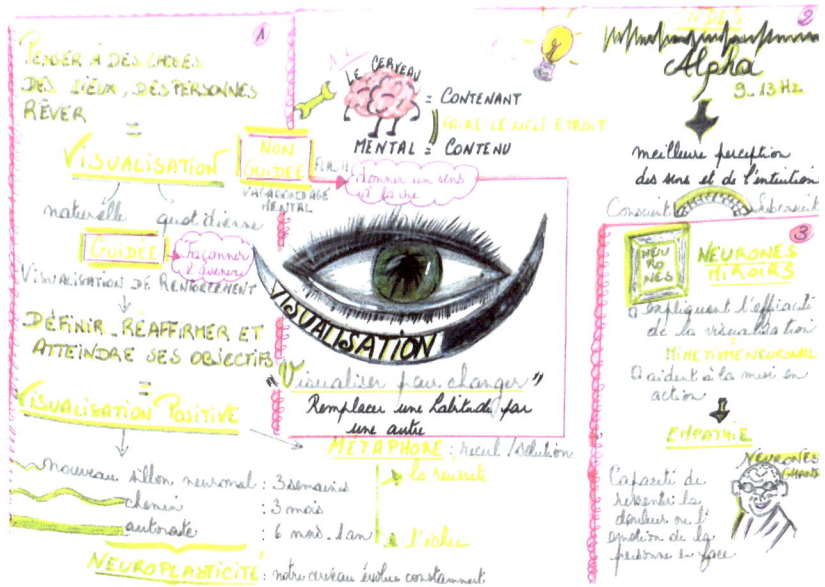

1.1.2.4 La visualisation : un outil efficace en accompagnement

Dans le coaching, la pensée linguistique et auditive est la première forme de pensée mise en avant. Accompagner quelqu'un c'est avant tout se demander : « S'il n'y avait qu'une question à poser pour faire avancer la personne, laquelle serait-elle ? » À travers donc le questionnement, et cet échange auditif et linguistique, le client ou patient parvient à accéder à ses pensées, ses croyances... Et ainsi à trouver en lui les solutions à son problème.

La pensée visuelle est prise en compte en coaching avec la visualisation et notamment la visualisation positive à travers de nombreux exercices tels que :
➢ Visualisation en coaching mental du sportif
➢ Les 6 domaines de conscience de Bateson
➢ La position « méta »
➢ Le brouillage...

Dans ce livre, je propose d'amener un renforcement de cette visualisation en onde alpha déjà pratiquée en utilisant sa forme physique et concrète : la visualisation écrite qui relève plus des ondes bêta. C'est cette visualisation même que nous retrouvons lors d'exercice comme les domaines de vie de Hudson et la ligne de vie qui sont des exercices qui permettent de se projeter.

Alors, théorie étant expliquée, il faut maintenant passer de la pensée visuelle à l'écriture visuelle grâce à la graphicatie avec des outils tels que : Le monde-maping, le sketchnoting entre autres.

1.2 L'écriture visuelle

1.2.1 De la pensée à l'écriture visuelle

Dans son livre *penser en images*[7], Vanina Gallo, coach et facilitatrice graphique écrite que « La pensée en image est une expression figurative et spatiale qui permet de sortir de la pensée linéaire (raisonnement causal et logique) pour s'attacher à reproduire la structure naturelle de la pensée en élaborant un langage graphique. » Ce langage graphique est constitué de symboles, couleurs, signes variés, schémas, diagrammes, matrices qui mettent en perspective et donc en mouvement.

Antonio Damasio, neuroscientifique souligne l'importance de l'émotionnel dans la motivation, la réflexion et la prise de décision. Il a notamment montré que les émotions sont indispensables à la validité de nos raisonnements. Or le cerveau est attiré par les images qui engagent et mettent en action. Un dessin tout comme un tableau, une photographie, un film… procure des émotions. Les images et les mots se renforcent mutuellement.

1.2.1.1 La graphicatie

Comment puis-je retranscrire ma pensée visuelle ? La réponse est simple : grâce à la graphicatie !

« Dans un monde de plus en plus complexe et saturé d'informations, posséder une vision globale, savoir clarifier et donner du sens à l'information est essentiel pour atteindre nos

---

[7] Gallo V. (2017).*Penser en images. Paris :Mango*

objectifs. » nous dit Philippe Boukobza sur son site *touristiquement[8]*.

La définition de la graphicatie selon Aldrich F. et Sheppard L. est « **l'aptitude à comprendre et à présenter l'information sous forme de croquis, de photographies, de diagrammes, de cartes, de plans et de graphiques** »[9]

L'avantage de la graphicatie est de faciliter :
- La communication
- La prise de notes
- Le travail en équipe
- Le langage commun
- La mémorisation

Mieux comprendre, mieux communiquer, et ce de la petite école jusqu'à l'entreprise, tel est l'enjeu de la graphicatie avec comme outils : le monde maping, les diagrammes, les cartes conceptuelles, le sketchnoting, le management visuel, la facilitation graphique.

---

[8] Boukovsa P. (2014) La graphicatie : reconnaître les compétences visuelles. Disponible sur : http://www.heuristiquement.com/2014/04/graphicatie.html (02/09/2018)

[9] Aldrich F. et Sheppard L. (2000) 'Graphicacy': the fourth 'R' Primary Science Review, 64, 8 - 11,

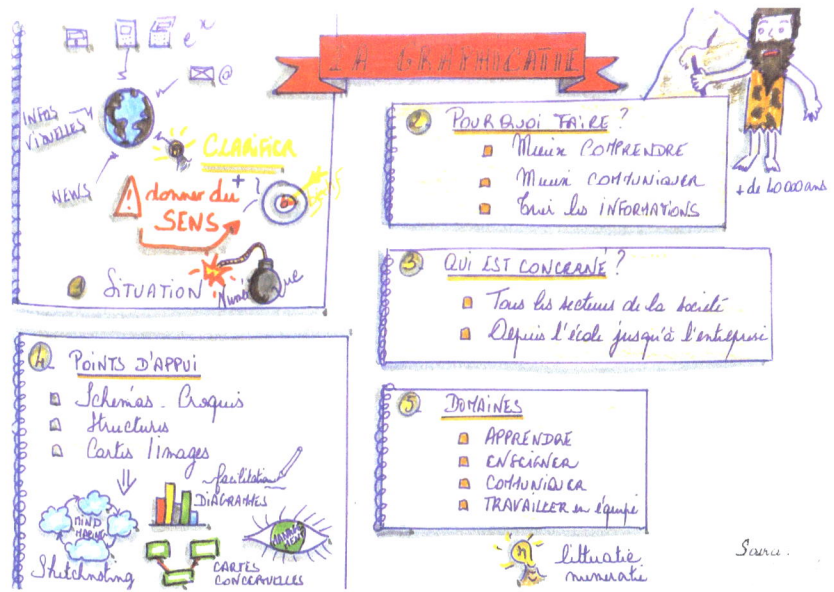

1.2.1.2 Carte mentale et sketchnoting

Concrètement c'est quoi la différence entre la carte mentale et le sketchnoting ?

❖ **Mind maping**

Créée dans les années 70 par Tony Buzan et aussi appelée « *cartes mentales ou heuristiques* », cette écriture visuelle en arborescence est une manière d'organiser l'information de manière non linéaire. Elle permet d'avoir une vue d'ensemble en synthétisant les informations, les mettant en lien visuellement, tout ça sur une seule et même page.

La prise de note est plus efficace et rapide et l'assimilation de l'information plus efficiente. Cela améliore l'intégration des concepts et la mémorisation tout en restant actif intellectuellement. En effet, les deux hémisphères mobilisés, la mémoire de travail se libère et diminue ainsi le stress, structure la mémoire à long terme et développe les habiletés cognitives.

Le principe est de construire la carte mentale avec en son centre le sujet principal duquel partent des sous-sujets ou sous-parties. Cette arborescence peut être représentée dans des nuages, ou des cadres avec des branches et/ou ramifications qui sont les mots clés.

Voici une méthodologie parmi tant d'autres.

- *Étape 1* : prendre une page blanche sans quadrillage ni ligne dans le sens paysage.
- *Étape 2* : Placer **le thème principal au centre**. Vous pouvez l'***encadrer*** ou l'encercler à l'aide d'une forme ovale, un ***nuage***, une bulle… et le ***colorier***, faire des zones d'ombre ou ombrage, utiliser différentes polices. Soyez créatifs !
- *Étape 3* : De ce centre, tracer des ***ramifications*** ou branches qui vous conduiront aux ***sous-thèmes*** liés et vous permettront de hiérarchiser vos idées, en partant de ce qui est le plus important vers les points de détail. Pour une question d'harmonie et d'esthétique, répartissez de manière équilibrée les branches tout autour de votre thème principal.
- *Étape 4* : **Une branche = un thème** que l'on va développer à l'aide de ***mots-clefs***.
- *Étape 5* : **Rassembler les idées** qui convergent en utilisant notamment un ***code couleur***.

Par exemple, en coaching j'écris ma carte mentale tout en noir pour ne pas perdre de temps face au client. Ensuite, je reprends ma carte mentale, avant le prochain entretien, je la relis et j'y ajoute des couleurs regroupant des mots clés ou des idées que l'on retrouve sur plusieurs branches. Ainsi apparaissent des thèmes sur lesquels je peux questionner mon client à la séance suivante.

S'en suit une carte mentale pour expliquer comment faire une carte mentale.

❖ **Sketchnoting**

Qui n'a jamais déchiré un bout de nappe pour dessiner, schématiser quelque chose pour mieux se faire comprendre par son interlocuteur ?

Nous l'avons tous fait et c'est normal puisqu'étant tous visuel, allier les mots et les images est plus percutant.

Donc, sans le savoir vous étiez à ce moment-là des sketchnoteurs en herbe. Utilisant la pensée visuelle et ses outils, le sketchnoting est une prise de note efficace qui permet la visualisation et la clarification de ce qu'on dit ou pense que ce soit personnellement ou en groupe.

 Les dernières recherches en la matière ont prouvé que nous sommes **tous visuels sans exception**, ce qui ne nous empêche pas d'utiliser et d'avoir des prédispositions pour les autres canaux auditifs et kinesthésiques.

Je pourrai écrire des pages sur le sketchnoting (et je vous recommande d'ailleurs le livre « Sketchnotes facile ! » de Béatrice Lhuillier pour faire vos premiers pas), mais qu'est-ce qui peut mieux expliquer le sketchnoting qu'une planche de sketchnote elle-même (terme inventé par Mike Rohde, auteur du premier ouvrage en 2012 sur le sketchnoting).

1.2.2 Les outils de la pensée visuelle

1.2.2.1 Les cinq éléments de la boîte à outils

La boîte à outils élémentaire pour dessiner ses pensées est constituée selon Vanina Gallo dans son livre *penser en image* de 5 éléments qui sont :

- ➢ le texte,
- ➢ la couleur,
- ➢ les structures,
- ➢ les images,
- ➢ les modèles (gabarits).

Les gabarits sont des modèles inventés ou connus qui sont des guides et organisent différents aspects de la problématique (diagrammes, frises chronologiques, stimulines, hiérarchie.

En combinant au minimum deux de ces outils, le texte et la structure, nous obtenons une carte mentale en noir et blanc. Y ajouter des couleurs et des dessins renforce la puissance de la carte mentale. Garder ses mêmes éléments, les traduire en dessin, structurer l'espace différemment et vous obtenez une planche de sketchnote.

1.2.2.2 Le pouvoir des couleurs

Dans le domaine de la thérapie, Pierre Von Obberghen, auteur du *Traité de couleur thérapie pratique*[10], définit la Couleur Thérapie comme « *un ensemble de techniques thérapeutiques utilisant les propriétés de la lumière colorée afin de provoquer*

---

[10] Von Obberghen P.(2014) « *Traité de couleur thérapie pratique* ». Paris:Guy Trédaniel

des réactions d'ajustement physiologique favorables au maintien ou au rétablissement de la santé. »

Il existe donc une infinité de couleurs qui expriment toutes des émotions et créent des effets psychologiques qui influent sur nos émotions et notre humeur. C'est de cette relation entre couleur et émotion que Guylaine Pouret en a fait un livre sur le pouvoir des couleurs : « Notre fonctionnement énergétique et l'éveil de notre conscience »[11].

« Sur le plan inconscient, l'attirance ou la répulsion pour une couleur donne des indices sur nos émotions, notre tempérament ou notre personnalité. Connaître la symbolique des couleurs ajoute une corde à l'arc de tout coach ou thérapeute ».

Ci-dessous, deux sketchnotes hauts en couleur ; -) pour vous détailler cette relation couleur/émotion.

---

[11] Pouret G. (2018). *Notre fonctionnement énergétique et l'éveil de notre conscience.* Paris : Éditions Buissière

LE LANGAGE DES COULEURS

VIOLET — SAGESSE, HONNÊTETÉ
JUSTICE   NON JUGEMENT   SENS MORAL
INTROSPECTION   SPIRITUALITÉ

INDIGO — INTUITION, SÉRÉNITÉ
CALME   PAIX INTÉRIEURE   RECUEILLEMENT
TRANQUILLITÉ D'ESPRIT

BLEU — COMMUNICATION, AUTHENTICITÉ
DIALOGUE   DISCUSSION   ÉCOUTE
INTROSPECTION   CONNAISSANCE DE SOI

VERT — ÉQUILIBRE, ESPACE
JUSTE MILIEU   HARMONIE   RÉCONFORT
HONNÊTETÉ   PARTAGE   LIBERTÉ

JAUNE — JOIE DE VIVRE, VOLONTÉ
CHARISME   LÉGÈRETÉ   DISCERNEMENT
AFFIRMATION DE SOI

ORANGE — CRÉATIVITÉ, CONCENTRATION
SENSUALITÉ   RYTME   GAITÉ   ENTHOUSIASME
CONFIANCE EN SOI   BONNE HUMEUR

ROUGE — DYNAMISME, ACTION
SANTÉ   VITALITÉ   ENERGIE   CHALEUR
FORCE   ARDEUR   INTENSITÉ   SEXUALITÉ
COURAGE   INITIATIVE   ENGAGEMENT

Couleurs Froides / Neutre / Couleurs Chaudes

1.2.3 Les avantages

1.2.3.1 Inutile de savoir dessiner

« Vous allez me dire oui, mais je ne sais pas dessiner !!!!!! »

Pas de problème ! On dispose aussi d'outils simples à la portée de tous pour dessiner. Inutile de savoir dessiner !!!

Les **12 outils de l'infodesign** sont une bonne base pour dessiner :

1. L'alphabet visuel est formé de 4 formes géométriques déclinables et semblables pour pouvoir dessiner des objets compliqués en les décomposant en formes simples.

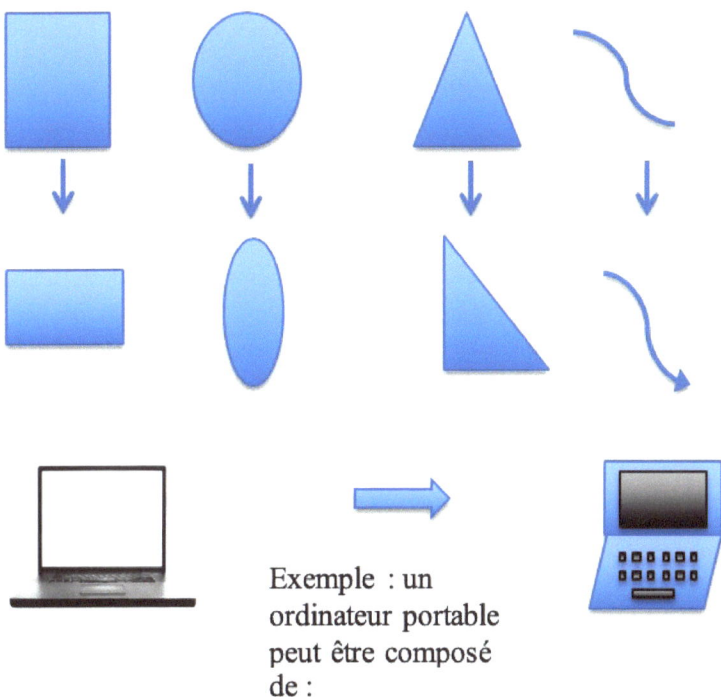

Exemple : un ordinateur portable peut être composé de :

2. Texte : typographies, les polices
3. Mots-images
4. Légendes
5. Connecteurs
6. Séparateurs
7. Cadres
8. Puces
9. Ombrages
10. Ombres
11. Visages
12. Personnages

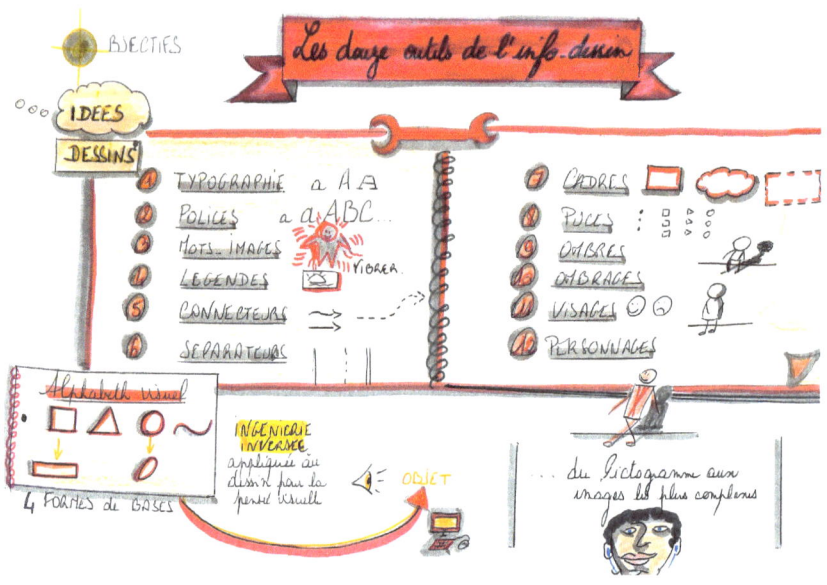

1.2.3.2 Les atouts de la pensée en images

I.	Donner à voir	II.	Synthétiser des idées, concepts, démarches
III.	Aider à se projeter	IV.	Dynamiser sa réflexion
V.	Faciliter et favoriser la prise de décision	VI.	Présenter un objet professionnel
VII.	Communiquer efficacement	VIII.	Améliorer le quotidien
IX.	Poser des intentions	X.	Stimuler l'inspiration
XI.	Laisser émerger un chemin	XII.	Structurer et intégrer des idées, des objectifs, des priorités
XIII.	Faciliter et soutenir l'introspection	XIV.	Capturer l'essence d'une parole
XV.	Prendre une décision personnelle	XVI.	Renforcer la motivation
XVII.	Éveiller une vision plus poétique synthétique, intuitive	XVIII.	Faire sens : structurer et clarifie
XIX.	Résoudre des problèmes	XX.	Favoriser l'expression créative
XXI.	Clarifier ses idées		Faire collaborer toutes les intelligences : analytiques, émotionnelles, sensorielles, intuitives, instinctives

2 - **PRATIQUE**

2.1   Pour l'accompagnant et l'accompagné

2.1.1   Intensifier le rapport collaboratif

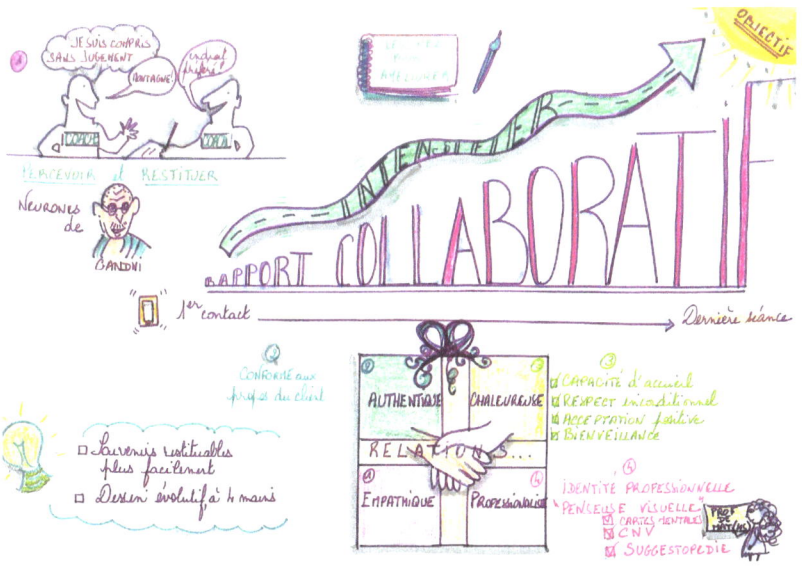

Le rapport collaboratif est cette relation de confiance et de travail commun entre le coach et le client pour avancer vers l'objectif déterminé ensemble.

Le client est acteur de son coaching et le coach l'accompagne dans sa démarche afin de faire émerger en lui ses propres solutions.

Le coach a une réelle *obligation de moyen* de maintenir ce rapport tout au long des séances. La qualité du rapport collaboratif est donc primordiale pour avancer dans un processus de coaching et il commence dès le premier contact souvent téléphonique.

Pour le premier entretien, je me présente et fais part de ma vision et de ma pratique du coaching. Je propose d'y ajouter en tant que « penseuse visuelle » la dimension de « coaching visuel » terme employé par Vanina Gallo, Coach et facilitatrice graphique, si le client le désire.

Puis, je laisse parler le client librement en ciblant les réponses aux 7 questions d'Aristote ou hexamètres Quintilien : qui ? Quand ? Combien ? Quoi ? Comment ? Où ? Pourquoi ? sans omettre la demande pour laquelle le client fait appel à un coach. Je recueille ces informations sous forme de carte mentale. À la fin de l'entretien, je dessine toutes ces données sur une feuille A4.

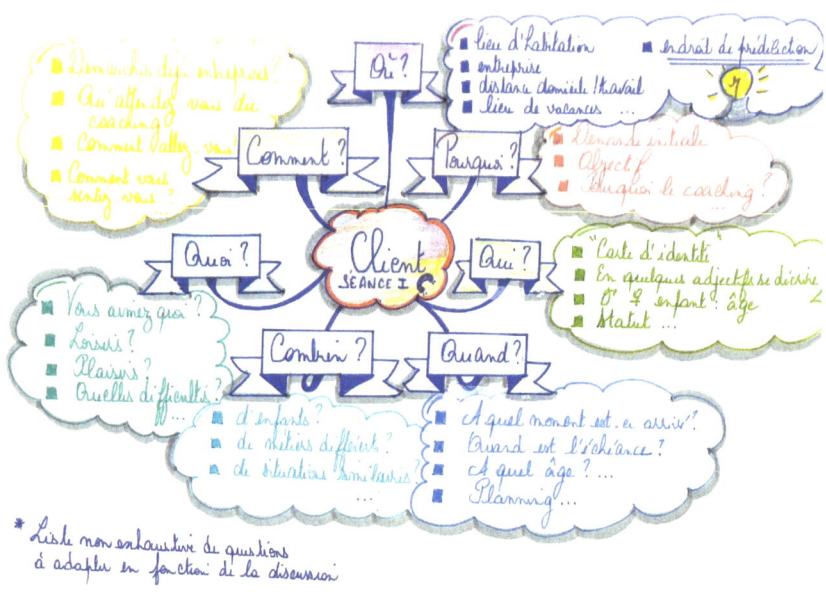

Il existe 4 composantes du rapport collaboratif : la relation empathique, la relation chaleureuse, la relation authentique et la dimension professionnelle. Voyons en quoi le récapitulatif visuel n'entrave en rien ce rapport et au contraire peut aider à le consolider.

2.1.1.1 Une relation empathique

« Quel est le lieu où vous aimez être ? » telle est la question que je pose aussi dans ce premier entretien. Le lieu de prédilection du client me permet de partir d'un paysage qu'il aime et de le mettre en scène à l'intérieur de ce décor pour faire mon premier dessin.

Ex de Stéphane qui aime être au montage ou Marie qui aime la mer.

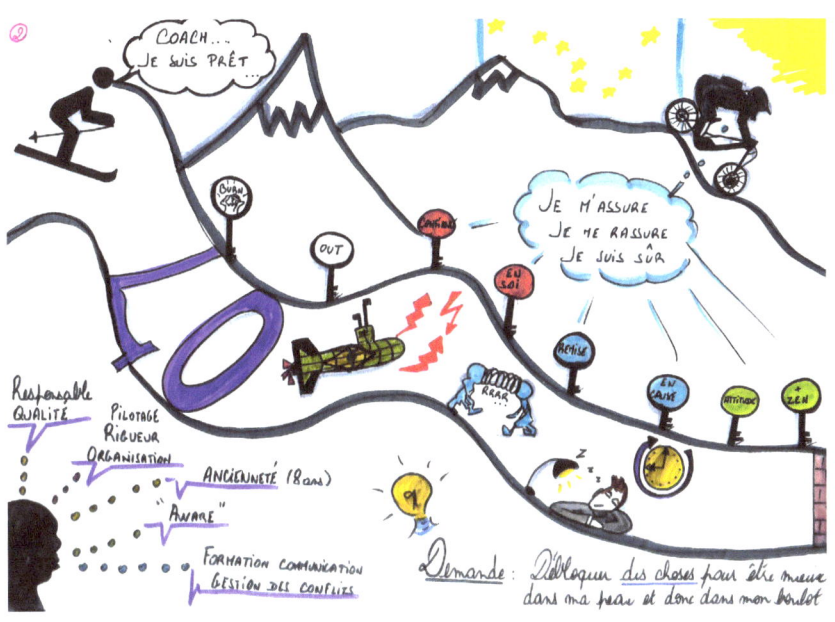

Ce premier dessin a jusqu'à présent toujours renforcé le rapport collaboratif. Il en va de même pour tous les autres dessins faits en fin de séances.

Le client est étonné de voir à travers cette représentation visuelle toutes les informations transmises, par lui-même, et se rend compte non seulement de l'écoute du coach ou du thérapeute, mais aussi de son investissement. Chaque client ou patient étant unique, chaque dessin l'est aussi.

Ainsi se noue un rapport collaboratif où le client se sent compris et écouté sans jugement.

On entre dans une relation empathique qui permet de percevoir et de restituer au client/patient ce qu'il comprend de sa réalité en le faisant passer d'un mode linéaire à un mode plus spatial et sensoriel s'appuyant davantage sur l'intuition, le ressenti et les émotions. En dessinant, le coach « adopte » le point de vue du client/patient dans le sens de comprendre ce qu'il vit et ce qu'il ressent.

De cette manière, les neurones miroirs sont mis en action, et notamment les neurones dits de Gandhi qui symbolisent l'empathie. En coaching, l'empathie consiste à prendre conscience des besoins d'autrui et à éprouver ensuite un désir sincère de lui venir en aide. Selon Daniel Batson, « seule cette sollicitude empathique est une réponse tournée vers l'autre et non vers soi -, réponse qui est à la fois nécessaire et suffisante pour déboucher sur une motivation altruiste. En effet, face à la détresse d'une personne, l'essentiel est d'adopter l'attitude (coach !) qui lui apportera le plus grand réconfort et de décider (avec elle) de l'action la plus appropriée pour remédier à ses souffrances. »
Extrait de Plaidoyer pour l'altruisme, Mathieu Ricard, 2013

En prenant des notes en carte mentale, le coach ou thérapeute est dans l'écoute active : il écoute, il voit, il écrit, il restitue sans jugement, sans sympathie, mais avec empathie.

2.1.1.2 Une relation authentique

Quid de l'authenticité lorsque le coach ou thérapeute retranscrit les pensées de son client ?

L'authenticité se retrouve à plusieurs niveaux :
- ❖ En restituant les pensées de son client/patient en dessin, le coach est à nouveau dans cette empathie, tout en favorisant la relation authentique avec son client.
- ❖ Le coach reste dans son rôle authentique avec lui-même et ses perceptions.
- ❖ Aucun élément nouveau n'est rajouté par rapport à ce qui a été dit : le mot d'ordre, resté authentique aux propos de son client.

2.1.1.3 Une relation chaleureuse

Le client se sent ainsi accepté, compris et non jugé. Il peut ainsi visualiser la capacité d'accueil, le respect inconditionnel du coach et l'acceptation positive de sa personne. D'ailleurs, les dessins sont toujours faits sous un angle positif afin de voir, de se voir et de pouvoir se projeter pour le coacher.

Dessiner, passer de la pensée du client à la pensée visuelle empathique du coach pour accéder à l'écriture visuelle renforce la bienveillance exigée par le rôle de coach.

2.1.1.4 Professionnalisme

« Coach visuel » ou « coach facilitateur visuel », l'identité professionnelle est ainsi déterminée. J'aime me définir comme facilitatrice de changement grâce à la facilitation visuelle. Je propose un « coaching dit visuel ».

Ma légitimité, je la trouve en tout premier dans les retours de mes coachés, mais aussi de mes élèves qui sont d'une grande reconnaissance. Ancienne professeure de mathématiques[12], puis professeure des écoles, j'utilise la pensée visuelle et l'écriture visuelle depuis plus de 15 ans. Toujours à l'affût de trouver des moyens plus performants d'apprendre à mes élèves, j'ai toujours pris en compte plusieurs concepts comme :
- ➢ La suggestopédie : favoriser le recours aux différents canaux d'apprentissage VAKOG.
- ➢ La communication non violente.
- ➢ La graphicatie sous toutes ses formes.

---

[12] Estevez L. (10 Mars 2015) *Succes Story : comment une allergique aux maths et devenue prof de maths passionnée et innovante* http://www.cafepedagogique.net/lexpresso/Pages/2015/03/10032015Article63 5615675538388493.aspx
(02-09-2018)

J'ai ainsi développé des compétences et des capacités opérationnelles qui me permettent de prendre mes notes en cartes mentales de manière rapide et naturelle. Et aujourd'hui, je parfais mes connaissances en sketchnoting pour pouvoir créer en simultané une planche de sketchnote qui permet la visualisation directe de l'entretien avec mon client.

2.1.2 Des souvenirs restituables plus facilement

Il m'est arrivé par deux fois que mes clients me demandent à quelle séance nous sommes. Ce à quoi, ils ont répondu par eux-mêmes, à la première séance c'était le dessin sur le ski, à la deuxième le dessin avec les cadres, à la troisième les plaisirs, à la quatrième, les drivers… Les séances sont, par le dessin, ainsi résumées et mémorisées par le coach comme par le client. Ce qui a été dit, a été visualisé puis acté et mémorisé.

À tel point que, souvent lors des séances, alors que les dessins sont disposés sur la table, les clients parlent et font des relations entre ce qu'ils disent et les dessins « C'est comme sur le dessin où vous m'aviez dessiné de dos ! Ah le maintien, on en avait déjà parlé dans la séance 2 » tout en pointant du doigt le dessin qui lui est revenu à l'esprit.

Cela me permet en tant que coach de rebondir et de demander « Revenons sur ce terme, en quoi le « maintien » est-il important pour vous ? »

De même, le dessin est évolutif et peut être fait ou complété à quatre mains. Il m'est arrivé qu'un client me dise, « J'y pense… j'aimerais que vous rajoutiez mon ami Untel sur le dessin, j'ai oublié d'en parler la première fois et il est important pour moi, car… ».

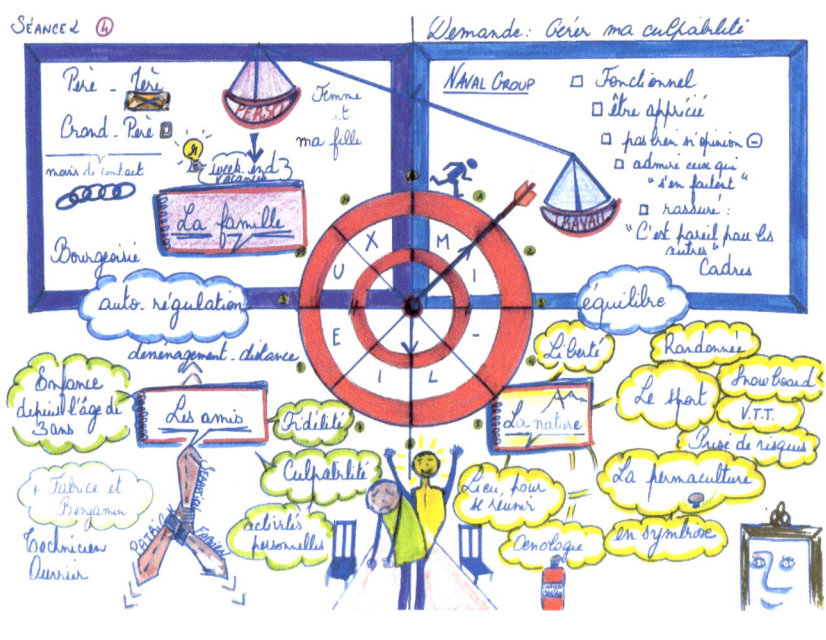
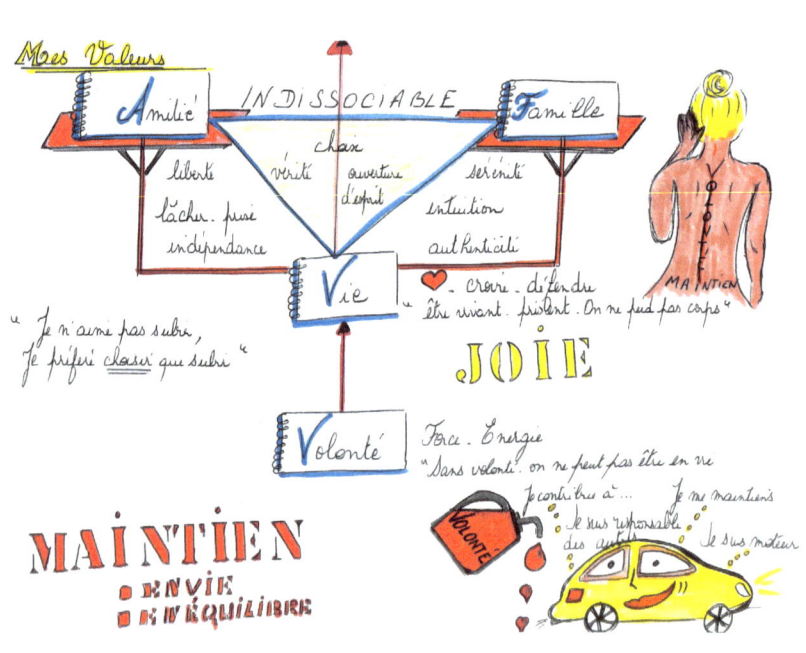

2.1.3 D'autres avantages

Les croyances, valeurs, besoins, limites et les émotions du client sont mis en scène et facilitent la prise de conscience et le chemin vers la clarification de l'objectif par le biais de la « magie » des associations, des métaphores. « Le monde des images est un puissant moteur de changement et de réalisation » selon Vanina Gallo dans *Penser en images.*[13]

La métaphore, connue comme figure de style, a beaucoup d'effets d'autant plus lorsqu'elle est dessinée. Une image peut en cacher une autre. La communication s'en voit expliciter grâce à l'association d'idées et crée du lien et du sens.

Traduire un sentiment par une image physique comme le dessin ouvre les champs des possibles. Ce n'est pas la situation

---

[13] Gallo V. (2017). *Penser en images.* Paris : Mango

qui change, mais la personne elle-même adaptant un nouvel angle de vue.

2.1.4   Y a-t-il des limites à cet outil ?

2.1.4.1   **Témoignages**

J'ai demandé à mes clients de bien vouloir répondre à un questionnaire pour valider ou invalider certains propos tenus dans ce livre.

Je leur ai défini ce qu'était le **rapport collaboratif** à savoir *« cette relation de confiance et de travail commun entre le coach et le client pour avancer vers l'objectif déterminé ensemble »* pour qu'il puisse répondre au mieux à certaines questions.

Voici les questions et leurs réponses :

> *Les récapitulatifs visuels ont-ils pour vous renforcer le rapport collaboratif. Vous ont-ils donné envie d'autant plus de poursuivre le coaching ?*

Avis 1 : Le dessin sert, selon moi, de bilan à ce qui a été échangé. Voir le dessin m'a renforcé dans l'idée que j'avais été comprise. C'est l'ensemble qui m'a donné envie de poursuivre le coaching. Le fait qu'il y ait un dessin n'a pas été déterminant dans mon choix de poursuite, le fait d'avoir été comprise oui.

Avis 2 : Le 1er dessin a permis de poser les choses et de surtout ne rien oublier de notre échange.

Avis 3 : J'ai été très impressionnée de la réactivité d'Elie après notre premier entretien. Quinze minutes après notre premier entretien téléphonique, elle m'envoyait le premier dessin par mail. Joliment dessiné et plein de couleurs, je me suis reconnu au centre du dessin avec tous les éléments dont je lui avais parlé, à savoir le départ de mon travail, mon voyage en Inde, et mes projets de me lancer dans les soins thérapeutiques. Elle avait mis en exergue les points à travailler comme les peurs et les désirs de chaque côté d'un chemin à suivre.
  Cela m'a vraiment donné envie de continuer le coaching, car je me suis sentie vraiment écoutée par une professionnelle aux techniques innovantes et créatives.

Avis 4 : Oui, d'autant plus qu'il mettait en un seul dessin la synthèse des échanges du premier entretien.

Avis 5 : Il y a des Paliers dans une existence, et c'est la mise en commun d'approches pluridisciplinaires qui permet souvent de travailler sur soi, sans rester dans une zone de confort, ou le cerveau surtout s'il est HP n'a pas le temps de trouver de parades par habitude ;-)

Avis 6 : C'est une trace très attrayante qui donne envie de revenir pour en obtenir d'autres 😉

Avis 7 : Le concept paraît plus concret et les progrès sont donc plus rapides.

Avis 8 : Cela permet d'organiser ce que l'on doit travailler.

Avis 9 : Ça redonne de la légèreté dans une démarche lourde.

Avis 10 : Ces récapitulatifs nous laissent une belle empreinte sur notre parcours, une empreinte « artistique », à la fois légère et profonde. On en envie de voir plus loin, de découvrir notre « tableau ».

> ➤ *Est-ce que la communication en a été plus impactant ? Votre assimilation plus efficiente ? Vos pensées mieux organisées ? Vous a-t-il permis de clarifier vos pensées ? Votre objectif ?*

Avis 1 : Je ne saurai pas dire si la communication en a été plus impactant, mais cela a permis de prendre conscience de certaines choses. Si le coach a été interpellé par ces éléments lors du premier entretien, c'est qu'il a analysé que cela pouvait m'aider dans mes différents objectifs. Voir le premier dessin m'a touché émotionnellement et cela est indéniable.

Avis 2 : En effet, le dessin permet une meilleure assimilation et surtout une meilleure mémoire des échanges. Il structure la pensée et permet d'élaborer (en prenant le temps d'y revenir) une pensée, un objectif.

Avis 3 : Oui, la communication avec Elie m'a permis de me questionner sur les vrais points d'accroche de ma reconversion. Elle a mis le doigt sur mon problème récurrent d'estime de soi et de sensation de ne pas "valoir" grand-chose puisque j'avais du mal à faire payer mes soins. Mon objectif s'est donc bien révélé à savoir avoir plus confiance en moi et réinventer ma vie.

Avis 4 : Le fait d'être face à ce dessin synthétisant les réponses faites de manière tout azimutée aux questions posées m'a permis de clarifier ma problématique. Il m'a permis de faire un constat sur ma vie actuelle.

Avis 5 : Approche novatrice, et procédé impactant et ludique.

Avis 6 : Cela permet de se remémorer nos dires et d'y revenir dessus. Souvent grâce au dessin, on décèle autre chose que l'on n'avait pas encore perçu jusque-là.

Avis 7 : C'est plus ludique et on se rappelle bien le contenu de la séance quand on veut y revenir pour acquérir de nouveaux comportements.

Avis 8 : C'est plus compréhensible et cela permet de revoir certaines choses rapidement après coup.

Avis 9 : Cela permet de mieux visualiser, c'est très représentatif des problématiques et zones de bien-être.

Avis 10 : On peut ainsi s'attacher aux notions essentielles et importantes et les retenir rapidement sans s'embarrasser de mots inutiles. Sous forme de carte mentale ou dessin, le coaching s'apparente à un résumé des fonctions mentales cognitives.

Avis 11 : Les formes, les traits, les dessins, les couleurs sont plaisants, agréables à regarder et plus faciles à percevoir visuellement, car ils s'adressent directement au cerveau qui va pouvoir traiter rapidement l'information reçue.

➤ *Les dessins faits en fin de séances... Aident-ils à améliorer la relation coach/coaché ? La renforcer ? À clarifier votre demande ? À faire des associations d'idées ? À prendre conscience de choses dites, mais pas vues sous cet angle ?*

Avis 1 : Les dessins ont été un bon vecteur pour approfondir la réflexion. Le fait de matérialiser les séances par un dessin permet de renforcer la confiance, car grâce au dessin le coaché se sent encore plus compris par le coach ; le dessin retranscrit la séance. J'ai comme un sentiment de « socle ».

Avis 2 : Oui. Les dessins de fin de séance m'ont permis de me remémorer tous les points importants vus avec Elie. Elle m'a littéralement ouvert les yeux sur des comportements répétitifs et générateurs d'anxiété. J'ai compris petit à petit que je ne me faisais pas respecter et qu'il fallait que j'en prenne conscience avant de créer mon nouveau job.

Avis 3 : Ces dessins m'ont permis de mettre en perspective différents vécus du passé ayant un impact sur ma vie actuelle et à effectivement faire des liens passés/présents. J'ai constaté que le vocabulaire et les mots que j'employais avaient une résonance auprès de mon coach. Ces mots étaient retranscrits dans ses dessins et m'ont permis de prendre conscience de choses dites en y ajoutant du sens que je ne percevais pas jusqu'alors.

Avis 4 : Étant visuel, cela permet de mieux intégrer, c'est plus simple, clair et facile à comprendre.

Avis 5 : C'est un terrain d'échange où les deux protagonistes se retrouvent dans une sorte de jeu.... un lieu où tout est possible, déconstruction et construction de Croyances, mise en Lumière des Valeurs. Cela permet d'approfondir et de mieux cerner la pensée du coaché.

Avis 6 : La communication passe bien quand on a un support visuel, car cela crée automatiquement un échange.

Avis 7 : Le coach exprime ainsi certaines choses qu'il ne fait pas à l'oral.

Avis 8 : Chez certaines personnes, le visuel est parfait et aide à la compréhension.

Avis 9 : Cela permet d'expliquer ce qu'on n'arrive pas à exprimer.

Avis 10 : Les mots ont plusieurs sens, les images sont plus claires.

Avis 11 : Cela peut permettre de comprendre facilement des concepts que l'on ne s'approprierait pas si aisément.

Avis 12 : On peut mieux visualiser et comprendre ce que le coach nous explique.

Avis 13 : Plusieurs niveaux de consciences et de lecture, ce que l'on voit aujourd'hui est différent de ce que l'on verra demain, c'est un révélateur qui évolue avec la conscience du coaché, s'il le regarde dans 10 ans il y verra toujours de nouvelles choses à l'éclairage de l'instant.

Avis 14[*] : L'expression : "je n'aime pas le vin" a été représentée par une copie d'élève avec la note 20 barrée. Selon moi, le 20 n'était pas atteignable et surtout pas pour moi. Je me suis rendu compte d'un réel manque d'estime de soi.

Avis 15 : Le dessin d'un trophée m'a fait réaliser les victoires que j'ai déjà vécues depuis le début du coaching et me les rappelle à chaque fois que je le vois.

Avis 16 : *Les choses dites s'accumulent et s'enchevêtrent. On en perd plus de la moitié. Le coaching visuel donne une photographie claire, nette et précise de ce que nous sommes.*

> ➢ **Vos pensées ont-elles été bien retranscrites ? Sont-elles interprétées ?**

Avis 1 : *Les pensées choisies ont bien été restituées en dessin et c'est ce qui est « troublant ». De l'interprétation il y en a toujours, puisque le coach choisit parmi toutes les informations, certaines à retranscrire en dessin, mais quand cela fait écho, cela prouve que le coach a bien analysé la situation.*

Avis 2 : *Oui, plus que cela, le coach a fait le lien entre tout mon passé et il a compris mes actions parfois inadaptées, car il les a vues et retranscrites à travers le dessin par le filtre de mes traumatismes anciens.*

Avis 3 : *Il y a forcément une part d'interprétation du coach lorsqu'il retranscrit des questions/réponses en dessin cependant ces dessins m'ont touché et pour certains remué. Je me suis posé la question si cela pouvait s'apparenter à de l'interprétation ou de la manipulation (au sens positif). Avec le recul j'en ai conclu que cela retranscrivait bien ma situation et ma difficulté dont j'avais perçu auparavant certaines parties de manière approximative. Ces dessins m'ont permis d'éclaircir ce flou. Je les ai donc partagés.*

Avis 4 : *Simplement que la restitution a été réalisé grâce à une profonde inspiration, un travail d'équipe.*

Avis 5 : *Oui ; je me sens écoutée, comprise et le tout sans jugement ni parti pris.*

Avis 6 : *Cela permet de mieux se connaître.*

➤ *Qu'avez-vous ressenti en voyant les dessins ?*

Avis 1 : J'ai été troublée/émue et parfois étonnée de ce qui apparaissait.

Avis 2 : Un sentiment de compréhension et une vérité mise à jour.

Avis 3 : J'ai ressenti de la joie, car ils sont très beaux. Puis je me suis sentie reconnue en tant que personne et donc j'ai ressenti de la fierté d'être une personne qui pouvait être le centre d'une histoire dessinée en plusieurs tableaux.

Avis 4 : Une impression d'avoir été compris, une carte ADN de l'âme.

Avis 5 : Cela m'a vraiment parlé, j'y ai trouvé un sens.

Avis 6 : Ça donne un côté récréatif à un travail personnel très important et lorsque certains faits sont difficiles à confier, cela dédramatise les choses et ça permet d'aller au bout de la démarche.

Avis 7 : De la chaleur et de la compréhension.

Avis 8 : Aide à clarifier ses idées.

Avis 9 : Que j'avais des objectifs à atteindre, mais que cela n'était pas impossible.

Avis 10 : Oups, je me suis fait démasquer.

Avis 11 : Les récapitulatifs sont clairs. Personnellement, j'y ai vu beaucoup de clarté. La présentation claire et aérée permet à ma petite fille de visualiser rapidement ce qui est capital pour elle.

Avis 12 : *Compréhension plus rapide, plus claire et plus ludique avec les couleurs.*

Avis 13 : *L'impression d'avoir un concentré du thème abordé en face de moi.*

Avis 14 : *J'ai eu envie de réviser et je me suis sentie moins emprisonnée par le travail.*

> ➤ **« Le client est étonné de voir à travers cette représentation visuelle toutes les informations transmises par lui-même et se rend compte non seulement de mon écoute, mais aussi de mon investissement. De plus, le client se sent compris et écouté sans jugement » êtes-vous d'accord avec cette phrase ?**

Avis 1 : *Totalement.*

Avis 2 : *Oui.*

Avis 3 : *Oui tout à fait.*

> ➤ **Si oui en quoi ? Sinon en quoi aussi ?**

Avis 1 : *Lorsque j'ai fait appel au coach, mes pensées étaient désordonnées, je n'arrivais pas à avoir les idées claires. Le premier entretien tout est dit un peu en vrac, bien que les questions du coach aiguillent. Le premier dessin sert à se retrouver d'un seul coup face à ses pensées ordonnées par quelqu'un d'autre que soi-même, c'est peut-être cela qui est troublant. Mais en les voyant ainsi restituées, on se rend compte que l'on a été écouté et quand on est en manque de reconnaissance cela fait un bien fou, d'avoir la sensation d'être compris. Cela libère de l'énergie pour le reste du travail.*

Avis 2 : On se sent vraiment écoutée, puisque le moindre détail se retrouve dans le dessin. Certains jugés par moi, peu importants se retrouvent d'ailleurs mis en valeur et m'ont permis de me questionner.

Avis 3 : Les questions/réponses faites de manière dense et tous azimuts étaient bien synthétisées dans les dessins => Écoute et investissement du Coach. Le dessin n'utilisant pas ou peu de mots, je n'ai pas ressenti de jugement de sa part.

> ➢ **« *Cela l'incite (le client) à aller plus loin dans sa réflexion et à approfondir un point qu'il n'avait fait qu'aborder. Face aux images, le client s'exprime parfois plus librement, le regard baissé sur le dessin. Il peut ainsi centrer son attention, se focaliser sur le problème et avoir une autre perspective de son vécu. » Est-ce vrai ?***

Avis 1 : En tant que coaché, je pense qu'effectivement se concentrer sur le dessin permet de se sentir moins jugé, ce qui permet de libérer la parole. Le changement de perspective de son vécu est mis en avant par le dessin. Car c'est le coach avec son dessin qui permet, à travers son propre regard, d'ouvrir une nouvelle perspective. C'est quand on se confronte à l'autre que l'on s'ouvre à de nouvelles possibilités ; ici le coach nous permet de nous amener un nouveau point de vue.

Avis 2 : Oui, le dessin incite à aller plus loin dans la réflexion, car c'est un moyen sur lequel on peut revenir à tout moment en complétant, en développant ou encore en validant.

➢ *Avez-vous eu l'impression qu'en dessinant, le coach « adopte » votre point de vue dans le sens de comprendre ce que vous viviez et ce que vous ressentiez ?*

Avis 1 : *Oui totalement.*

Avis 2 : *Je n'ai pas eu de sentiment d'interprétation de votre part.*

Avis 3 : *Oui le dessin renforce l'empathie et semble faire vivre les émotions au coach, qui se met dans la peau du coaché pour une meilleure connaissance.*

➢ *Est-ce que le dessin vous a apporté et vous apporte encore ? À quel moment ?*

Avis 1 : *Lorsque je regarde le premier dessin, cela me permet de faire un bilan de mon avancement. Lorsque l'on s'est rencontré, j'en étais là, aujourd'hui, j'en suis où ? Comment j'avance ? À quel rythme ? Qu'est-ce que j'ai oublié en chemin ? Cela me permet de me « recadrer » si je m'éloigne de mon objectif.*

Avis 2 : *Oui, il m'a apporté. Pour qu'il m'apporte encore, il faudrait que je le mette sur mon réfrigérateur.*

Avis 3 : *Le dessin m'a apporté une vision générale de ma situation professionnelle à un instant T. La beauté du dessin et des couleurs m'a donné envie de commencer rapidement à travailler dans le château.*

Avis 4 : *Le premier et le dernier dessin sont toujours présents dans mon esprit et j'y ai pensé régulièrement cet été pendant et avant mes vacances avec mon objectif à atteindre. Je n'ai pas d'anecdote particulière, j'ai juste appliqué de manière régulière cet objectif.*

> *Pensez-vous qu'en tant que coach, cela donne une identité professionnelle ?*

Avis 1 : Cela donne effectivement une vraie plus-value à ton travail de coach. Cela permet entre les séances de les revoir et d'y réfléchir... Tu es une « facilitatrice de changement grâce à la prise de conscience visuelle ».

Avis 2 : Bien sûr que cet outil poétique, et artistique te donne ta vraie identité professionnelle. Elle te résume bien, tu es l'Artiste qui écoute avec le cœur, qui retranscrit avec talent et qui soulève les bonnes questions.

Avis 3 : L'être humain étant par nature principalement « Visuel », je pense que la méthode du « sketchnoting » me semble très puissante lorsqu'elle est appliquée au Coaching.

> *Avez-vous l'impression que malgré la prise de notes en cartes mentales, le coach reste à l'écoute ?*

Avis 1 : Oui, bien sûr car ta grande dextérité te permet de suivre le fil de la conversation.

Avis 2 : On n'écoute pas toujours par les oreilles. Lors d'un coaching, si l'on est bien aligné et bien centré, tous les pores de la peau sont autant de capteurs qui retransmettent la plus fine analyse aujourd'hui disponible au niveau de conscience de l'humanité actuelle.

Avis 3 : C'est comme si vous étiez connectée à mon cerveau.

Avis 4 : On voit que les dessins représentent vraiment ce qui est dit et cela n'empêche pas le coach d'intervenir.

Avis 5 : Vous assimilez notre point de vue.

Avis 6 : *Oui, car tu continues à poser des questions.*

> ➢ **Pensez-vous que le dessin est un support efficace ? Pensez-vous que c'est un plus ? Un moins ? Ou que l'on peut s'en passer ? est-il nécessaire à chaque séance ?**

Avis 1 : *Il peut aider, mais il ne se suffit pas à lui seul. C'est un plus, car il permet en un coup d'œil de comprendre où on en est. De plus, d'après les études les couleurs ont un impact sur le cerveau alors cela doit aussi aider au travail inconscient.*

Avis 2 : *OUI, peut-être pas à chaque séance, mais… Le dessin est un appui, un support, un outil… bref un vrai plus !*

Avis 3 : *Le dessin est bien évidemment un plus. Il me parle beaucoup, car j'ai une mémoire visuelle aussi.*

Avis 4 : *Je dirais simplement que je l'attendais à chaque séance. J'étais un peu déçu quand je ne l'avais pas.*

Avis 5 : *Cela dépend des personnes, cela est toutefois la signature du coach, ce qui fait que les gens se positionnent sur ses coachings... cette approche ludique connecte à l'enfant intérieur de façon direct, épargnant des heures de cache-cache, avant d'être dans le thème. Jouer le rôle de sa vie commence parfois par un joli dessin bien senti.*

Avis 6 : *Pour moi qui suis visuelle, c'est un plus et c'est très appréciable de pouvoir mettre une image sur ses pensées.*

Avis 7 : *Oui, on repart avec ce support et c'est une aide précieuse pour se souvenir du contenu de la séance et continuer la progression entre 2 séances ; le côté dessin donne envie de* consulter le document, car il y a un aspect nettement moins rébarbatif.

Avis 8 : *Les supports sont très efficaces et sont pour moi un vrai plus.*

Avis 9 : *Oui, les images aident à assimiler plus rapidement.*

Avis 10 : *Oui, cela permet de revenir dessus, car on peut oublier certaines choses.*

Avis 11 : *Oui, à mon avis, les supports visuels sont nécessaires, car ils laissent une trace que l'on peut conserver et consulter à tout moment. Ils sont disponibles et cela peut ainsi aider à s'encourager soi-même, en dehors de la présence du coach. Je pense qu'ils sont très nécessaires dans un premier temps, en tout cas, qu'ils constituent l'essentiel du coaching.*

Avis 12 : *Oui, je pense que c'est un plus, ils permettent de synthétiser*

Avis 13 : *Je pense que les supports visuels sont efficaces, car c'est un plus très utile et qu'ils sont nécessaires à chaque séance pour mieux comprendre les leçons.*

> ➤ *Qu'est-ce que les récapitulatifs vous ont apporté dans votre développement personnel ?*

Avis 1 : *Un formidable souvenir.*

Avis 2 : *Un aide-mémoire et permis d'avoir une bonne base de travail.*

Avis 3 : *Le fait de pouvoir revenir dessus et il y en a 2 ou 3 qui m'ont vraiment marqué et fait avancer.*

Avis 4 : *Support visuel, possibilité de se rappeler de la conversation en quelques mots et quelques dessins et cela équivaut à un résumé écrit en plus attrayant. Cela permet de voir les points importants et notamment ceux sur lesquelles il faut travailler.*

Avis 5 : *De l'encouragement et de la persévérance.*

Avis 6 : *Esprit de synthèse et développement de la mémoire visuelle.*

Avis 7 : *De me fixer des objectifs clairs.*

Avis 8 : *Permets d'avoir un visuel posé sur ce que l'on pense.*

Avis 9 : *Ils m'ont aidé à comprendre un peu mieux comment je fonctionne dans l'apprentissage.*

> *Qu'avez-vous à dire de plus ?*

Avis 1 : *Une petite anecdote hors sujet, lorsque nous nous sommes contactés pour la première fois mon coach m'a présenté le « sketchnoting » et juste après je suis allé sur le net pour voir ce que c'était. Je me souviens encore aujourd'hui du dessin que j'ai regardé. Ceci démontre, me concernant, la force de mémorisation d'un dessin par rapport à des mots dits oralement. Pour ma part cette méthode permet aussi de rendre plus efficient un coaching dans le temps présent et futur par rapport à un coaching classique (oral).*

Avis 2 : *Le côté interactif de cette méthode de coaching et le résumé écrit que vous faites me permettent d'être totalement disponible, car je sais qu'il me restera une trace écrite de l'échange, trace conçue sous forme de symboles, dessins ou mots-clés avec des couleurs et personnellement je les reconsulte avec plaisir.*

*

2.1.4.2 Quelles seraient les limites ?

Ces témoignages renforcent le fait que la retranscription visuelle d'un entretien est un vrai plus, un apport à toute séance et un outil efficace de coaching.

Toutefois, quelles limites pourrait-on trouver à l'utilisation de cet outil ?

➢ Parfois des questions surgissent : « Je ne comprends pas pourquoi vous avez dessiné cela. » Le risque serait de donner sa propre interprétation en tant que coach. Deux possibilités s'offrent alors au coach :

➢ Au lieu d'y répondre directement, cela permet une relance : « Qu'est-ce que vous y voyez ? Que ressentez-vous ? En quoi, cela vous interpelle ? »

➢ Ou alors le coach peut en faire sa lecture pour mettre en avant ce qui a retenu son attention. Telle une reformulation sous forme de résumé, le client peut valider ou invalider cette représentation. Dans tous les cas, il faut faire jaillir des associations, des idées, des prises de conscience autour d'un dialogue qui résonnent pour le client. « Le dessin devient support d'un discours et la parole se fait lien ou liant », dit Vanina Gallo. C'est comme une question que l'on pose, un silence laissé volontairement qui amène à la propre réflexion du client. D'après Vanina Gallo, « l'absence de bruit (le silence) libère le corps et l'esprit pour mieux capter les signes ou signaux qui font sens » les émotions et souvenirs peuvent alors prendre leur place et développer l'imagination et la créativité.

➢ Un autre point d'objection saurait à quel point la pensée visuelle retranscrite en dessin n'est pas celle du coach ? Son imagination ? Son interprétation ?

Stéphane pose le problème de la « manipulation » en écrivant « Je me suis posé la question si cela pouvait s'apparenter à de l'interprétation ou de la manipulation (au sens positif). Avec le recul j'en ai conclu que cela retranscrivait bien ma situation et ma difficulté dont j'avais perçu auparavant certaines parties de manière approximative. Ces dessins m'ont permis d'éclaircir ce flou. »

Est-ce réellement une forme d'interprétation ou peut-on faire un parallèle avec l'intentionnalité qu'un coach inscrit derrière sa question ? Le coach décide de mettre en scène une pensée avec l'intention sous-jacente « S'il n'y avait qu'un dessin, un symbole à faire pour la représenter, lequel serait le plus efficace ».

Ce dessin n'est pour autant pas la réalité pas plus que « la carte n'est le territoire »

Subjectivité, émotivité, transfert, manipulation, triangle de Karpman sont des risques certains à cette méthode, mais ils sont tout aussi potentiellement possibles en questionnement d'où l'importance de rester sur son petit vélo en permanence.

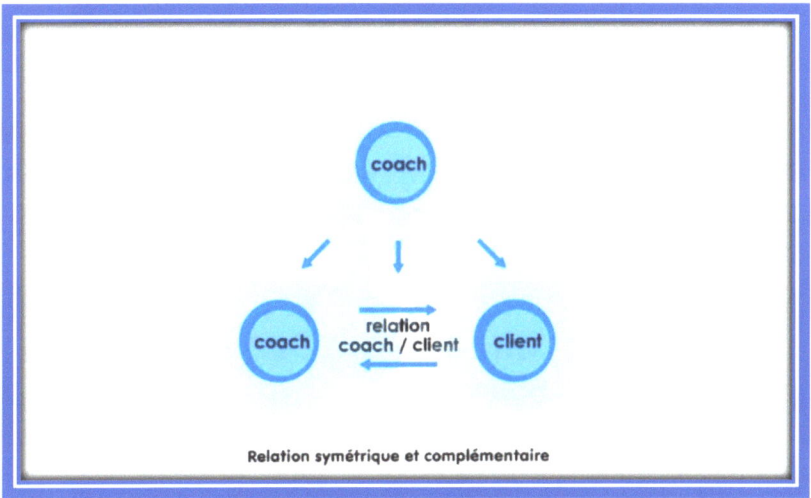

Source : Linkup Coaching

Il faut garder à l'esprit que l'autonomie du client est primordiale et que le dessin n'est pas solution, mais juste un résumé visuel de la conversation.

➢ Alors peut-on parler de représentations du coach ou d'intuition ?

Si ce n'est pas une représentation du coach alors c'est peut-être une intuition du coach ?

Est-ce qu'intuition alors serait synonyme d'irrationalité ?

En me basant sur le magazine psycho *tous les secrets de l'intuition*[14], voici des éléments de réponse.

---

[14] Psycho Tout savoir Hors-série n°1 (16 Mai 2018). *Tous les secrets de l'intuition*. Paris : Diverti

Le mot « intuition » vient du latin *intuition qui signifie image formée dans un miroir et que l'on peut décomposer en « in » « dans, à l'intérieur » et de « tueri » « observer, regarder ».* L'intuition, c'est donc une observation sans élaboration d'un raisonnement, sans jugement, factuelle qui vient de notre for intérieur. « Ah ! sans raisonnement, dites-vous ! » alors intuition n'est pas raison, elle serait dénuée de rationalité. Est-ce que les décisions que nous prenons par intuition enfreignent les lois de la logique ? Sont-elles pour autant irraisonnées ?

L'intuition peut se révéler être un guide opportun lors de décision importante. Selon le psychologue Gerd Gigerenzer, notre intuition est une forme d'intelligence plus riche que la logique. Alors est-elle tout à fait irraisonnée ? Albert Einstein *disait à ce sujet : « L'esprit intuitif est un don sacré et l'esprit rationnel est un serviteur. Nous avons créé une société qui honore le serviteur et a oublié le don. » L'un ne va pas sans l'autre, l'intuition et la raison vont de pair pour une meilleure décision. En alliant logique et intuition, les horizons s'élargissent et permettent de trouver des solutions.*

L'intuition est donc à différencier des croyances et des préjugés qui sont les principales causes d'erreur.

Garry Kasparov, champion du monde d'échecs (de 1985 à 2000) dit dans son livre « La vie est une partie d'échecs » (JC Lattès, 2007) : « Seules l'expérience et l'intuition peuvent combiner tous les facteurs en une vision globale nous permettant d'appréhender, au-delà du fonctionnement des choses, les raisons qui les font fonctionner ainsi ». Un coach expérimenté dans la maïeutique et à l'écoute de son intuition pourra alors mener au mieux ses séances. Si on lui rajoute, l'art de la pensée visuelle et de sa retranscription écrite alors son intuition n'en sera que dynamiser et ses dessins éveilleront d'autant plus de prises de conscience.

L'intuition dont fait preuve un coach dans son questionnement comme dans sa manière de mettre en scène les idées sur un dessin n'est pas un contre-argument à la recevabilité de la pensée visuelle comme outil, mais au contraire donne une nouvelle perspective d'un outil très intéressant.

➢ Ce qui amène à la limite suivante : la non-maîtrise de l'écriture visuelle que ce soit en cartes mentales, sketchnoting ou facilitation graphique peut-elle être une limite à l'utilisation de cet outil ?

Dans tous les cas, cela peut être un frein, mais pas une limite. Comme avec tout outil, il faut être à l'aise pour le manier. Si je reprends les termes de Marie « **Ta grande dextérité te permet de suivre le fil de la conversation** » il faut maîtriser pour avoir confiance en soi et cela s'acquiert avec l'apprentissage et l'expérience. Plus on maîtrise, moins la prise de note sous n'importe quelle forme qu'elle soit, est dérangeante. Bien au contraire, elle peut même générer de nouvelles interactions avec le client.

En conclusion, pour ne pas franchir les limites, et respecter déontologiquement le coaching, la première clé est le calibrage. La deuxième clé est l'intentionnalité que met le coach dans son dessin. Ces deux clés ouvrent la serrure de la porte du garage du « petit vélo » du coach lorsqu'il dessine.

En communication, il est important de rejoindre l'autre sur son terrain pour entrer en contact avec lui. L'image est un langage visuel qui permet un double accès à la communication. La facilitation graphique n'est pas l'outil indispensable au coaching, mais il est un outil efficace de plus au coaching.

Prise de Notes efficace
Intensifier rapport collaboratif
Vue d'ensemble sous un nouvel angle
① Associations d'idées
③ Prise de conscience
Renforcer l'intentionnalité du ?
AVANTAGES
Pour le coach
Pour le coaché
Pour la relation
Sentiment d'avoir été écouté, non jugé
② 4R
Résumer
Reformulation
Valider ou invalider
Eviter malentendus
Recontextualisation
Remettre dans le contexte de ce qui a été dit
Recentrer l'attention
Renforcement
Rapport collaboratif
Motivation
④ Clarification

1 Calibrage
2 Intentionnalité
Les limites
Interprétation du coach
Manipulation
① Non respect
de la déontologie du coaching
de l'ontologie du client
③ Rôle du coach
Intuition ?
Coaching ≠ Art thérapie
② La non maîtrise de l'écriture visuelle
Relation Coach / Coaché

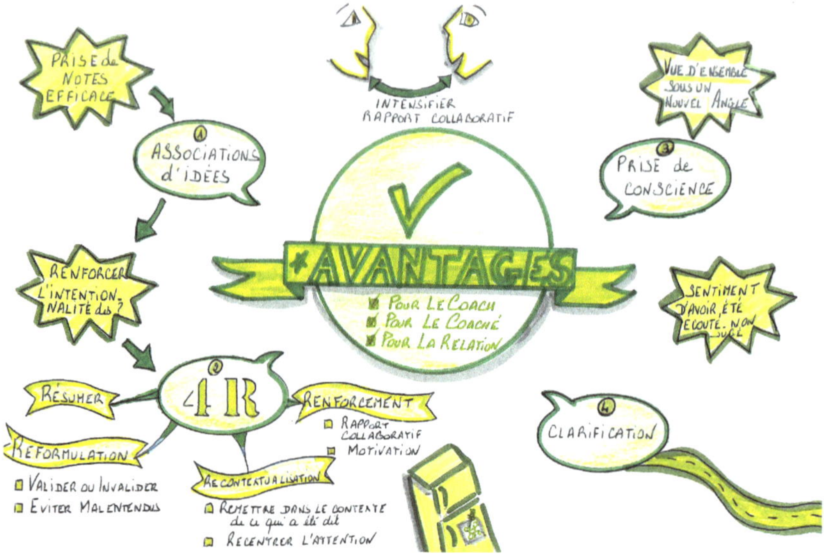

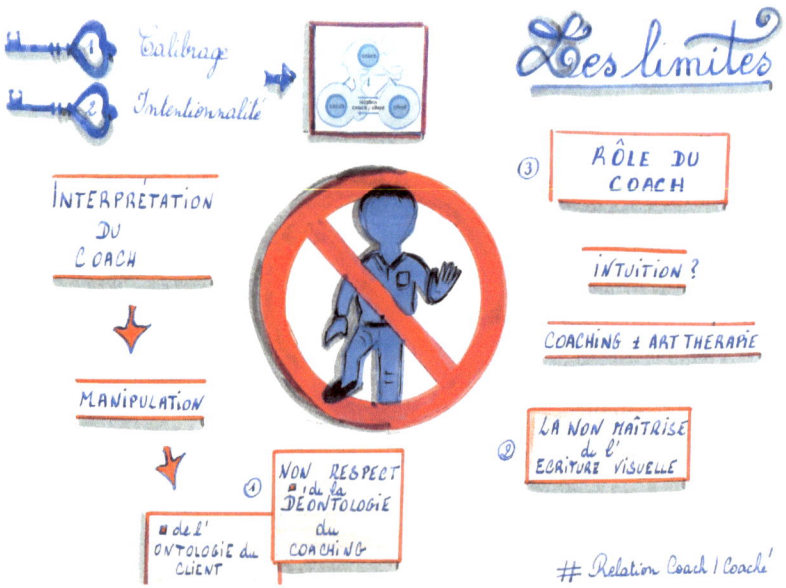

2.2 Pour le coach

2.2.1 Haut sur le cadre

Dans un premier temps, afin que le rapport collaboratif ne soit pas altéré, le cadre est fixé dès le premier entretien. La facilitation graphique n'est pas obligatoire à chaque séance et n'est pas obligatoire du tout.

En tant que coach, je décide de dessiner ou pas dans un souci d'authenticité notamment, mais aussi en ayant calibré si le dessin a une résonance ou non chez le client. Ainsi, je ne crée pas de dépendance au dessin et évite de rentrer dans un triangle de Karpman où le dessin et moi-même en tant que facilitatrice graphique ainsi que le client serait tour à tour sauveur, bourreau ou victime. Le client ne doit pas devenir dépendant du dessin, le but demeurant d'être autonome. Je reste ainsi dans le cercle vertueux du rapport collaboratif qui conditionne la pérennité du processus de coaching.

Les premières fois, faisant mes armes, j'ai envoyé par mail, le dessin lorsqu'il était fini. Le calibrage alors est impossible. Au moment où je l'envoie, qui me dit comment mon client le reçoit et dans quel état d'esprit il est. N'a-t-il pas fait page blanche ? Ou tout simplement ne veut-il plus reparler de ce qui a été dit en séance ? Ne pouvant calibrer, je ne peux donc vérifier l'écologie et la sécurité ontologique de mon client, ce qui n'est pas déontologique. Il est plus judicieux de soumettre le dessin à mon client en fin de séance voire à la séance suivante.

Deux réactions sont alors possibles :

Soit il n'y a aucune résonance chez le client et le dessin devient obsolète. Toutefois, cela reste pour moi en tant que coach un indicateur... peut-être de réactance ou résistance.

Soit mon client est interpellé par le dessin. Dans ce cas-là, le dessin devient un support de discussion que le client peut interroger ou compléter à sa guise en prenant lui-même le crayon si le désir s'en fait sentir.

Dans un second temps, la ***règle des 3 P*** est ainsi respectée, autant pour le client que pour le coach.

> *Protection :*

- Confidentialité des dessins faits.
- Contrat précis et explicite : je propose un coaching visuel, le premier dessin suite à l'entretien téléphonique est toujours fait et proposé.
- Droits et devoirs des parties.

> *Permission*

- De faire ou de ne pas faire.
- D'être d'accord ou pas d'accord avec le dessin : cela permet de rebondir et peut-être de trouver aussi des zones de résistance ou réactance, mais aussi une piste de réflexion.
- De poser des questions sur le dessin.
- De demander des explications ou éclaircissements.
- De répondre ou de ne pas répondre.
- De faire part de son ressenti.

> *Puissance*

- S'impliquer dans le travail commun.
- Choisir de s'engager et de s'impliquer dans le processus de coaching.

« *Connaître le cadre, c'est se reconnaître libre de s'y tenir ou d'en sortir et d'en assumer la responsabilité* »

2.2.2 Au service des 4 R

Dans la pratique de l'entretien en coaching, la première règle est celle de la méthode des **4 R pour Reformuler-Recontextualiser-Renforcer-Résumé.**

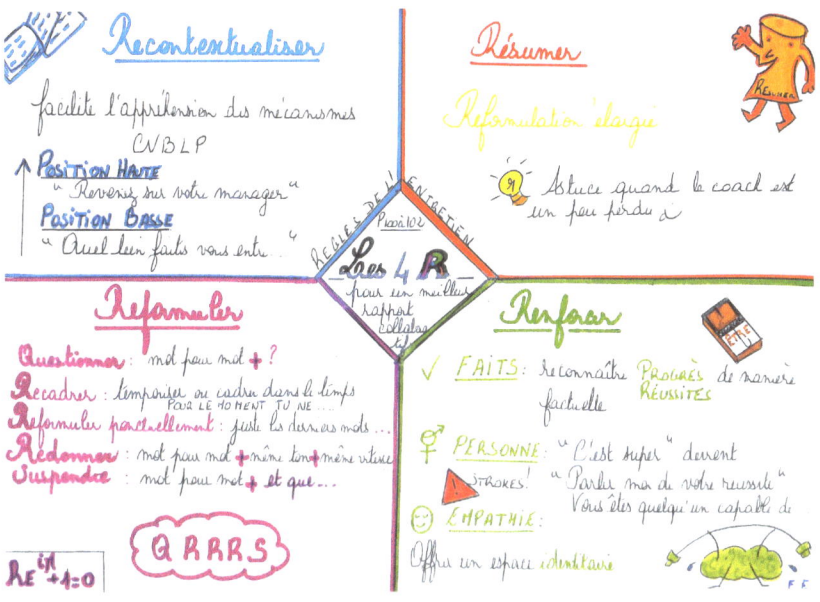

2.2.2.1 **Reformulation**

Le dessin est une manière aussi de valider ce que le coach a entendu et d'éviter les mauvaises compréhensions, les malentendus et les lectures de pensées. Cela montre aussi au client que le coach était bien présent dans la relation et a écouté activement au point de pouvoir transcrire en dessin les mots et les émotions de ce dernier. Ainsi, le client prend conscience de ce qu'il a dit non pas par la verbalisation, mais par la visualisation.

Il n'en reste pas moins que le client peut invalider le dessin ou y apporter des corrections. Cela l'incite à aller plus loin dans sa réflexion et à approfondir un point qu'il n'avait fait qu'aborder. Face aux images, le client s'exprime parfois plus librement, le regard baissé sur le dessin.

2.2.2.2 **Recontextualisation**

Dessiner les propos d'un client, c'est visuellement le remettre dans le contexte de ce qu'il a dit. Il peut ainsi centrer son attention. Il se focalise sur le problème, ce qui lui permet une meilleure perspective de son vécu.

2.2.2.3 **Renforcement**

Comme je l'ai précédemment expliqué, le rapport collaboratif est renforcé ainsi que la motivation. À travers la résonance du dessin en lui, le coacher peut aussi se motiver ou se remotiver, trouvant de nouvelles perspectives sur ses capacités et potentialités et les possibilités qui s'ouvrent à lui.

2.2.2.4 **Résumé**

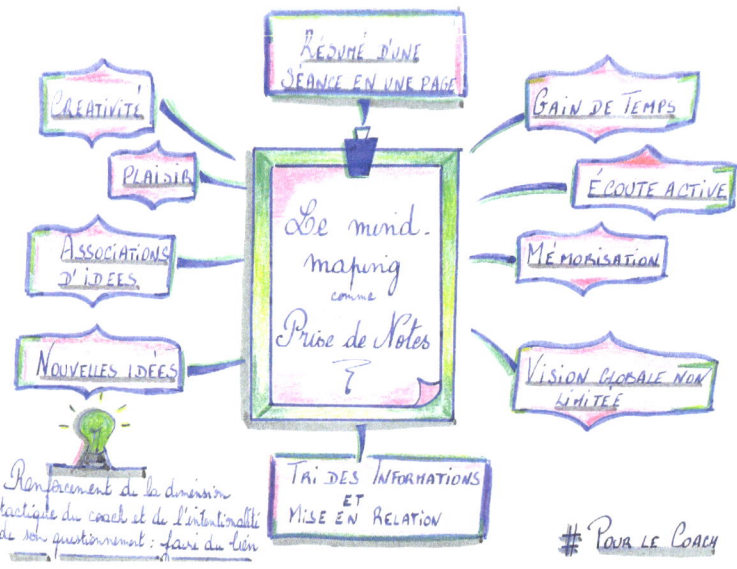

Le dessin est un résumé par lui-même de la séance. Il permet aussi aux séances suivantes de pouvoir relancer la discussion avec validation ou invalidation, transmission des émotions, partage des ressentis. C'est un excellent moyen pour se réapproprier la séance précédente tant pour le coach que le coaché.

En conclusion, avec le sketchnoting, la méthode des 4 R en visualisation peut être utilisée de la même manière et dans le même temps qu'en verbalisation. De même, cette méthode est différée, mais tout à fait applicable lorsque le dessin est fait a posteriori.

En conclusion, les quatre techniques de reformulation sont aussi utilisées visuellement. Le coach par le dessin redonne ce qui a été dit, laisse en suspend des idées, questionne, relance et recadre.

2.2.3 Le mind-maping comme prise de notes

L'efficacité et la praticité du monde-maping ne sont plus à prouver. Selon Stanislas Mahieux, coach professionnel sur le médiablog du coaching[15] « Il faut savoir qu'à la base, le langage du cerveau n'est ni parlé ni écrit. Il travaille avec les cinq sens, en faisant des associations avec les images, les couleurs, les mots clés, les idées... Faire un monde-map c'est donc s'inspirer de l'efficacité des systèmes de la nature » en donnant une vision globale non limitée.

Pour le coach, l'avantage est au-delà du gain de temps, la mémorisation et le tri des informations apportées par le client ainsi que la mise en relation de ces informations sous forme

---

[15] Mahieux S. (26-04-2018)*Mind-map et coching* . Disponible sur : http://mediablog-coaching.com/actualites-du-coaching/mind-maps-et-coaching/ (02/09/2018)

arborescente. Cette organisation suscite donc pour le coach comme le coaché de nouvelles idées, de nouvelles associations et un résumé d'une séance sur une page. Les mots-clés interpellent et les images-clés résonnent telles les métaphores d (cf. les avantages pour le coaché).

De plus, la créativité, et le côté artistique d'un monde-map bien fait s'associe à la structure de l'organisation de l'information donnant ainsi plaisir à écouter, être attentif à chaque détail pour tirer l'essence même des propos du client et une restitution brève, mais complète de ses dires. Notre cerveau en tant que coach est en activité au niveau des deux hémisphères, activant différentes zones cognitives. Il favorise en cela, non seulement l'assimilation et la restitution des informations, mais aussi par la « magie » des associations une vision clarifiée de la situation.

EN PRATIQUE

 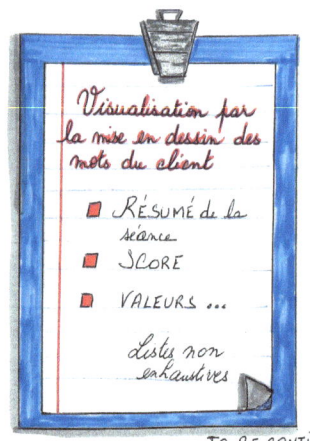

TO BE CONTINUED

La dimension tactique du coach et son intentionnalité n'en sont que renforcées pendant, après et même tout au long du processus de coaching. Une des règles d'or du coaching est

« Quand je pose une question, quelle est mon intention en posant cette question ? » La vision en arborescence, évolutive et non linéaire permet de faire du lien et du sens visuellement en plus de mentalement et renforce la puissance de l'intentionnalité de nos questions.

2.2.4 Les outils de coaching déjà existant renforcés par la facilitation graphique

La manière de fonctionner est toujours la même et se résume en deux possibilités :
1.   Le coach fabrique en amont des planches illustrant les exercices, les questionnaires.
2.   Le coach dessine lors de la séance, après séance, ou à la suite des exercices notamment de visualisation ce que le coaché a visualisé en séance. Ainsi la plupart des exercices proposés tel que les valeurs, les plaisirs, les drivers, les domaines de conscience de Bateson, le score, les mesures du stress, le flo, les six chapeaux de Bono... sont transformables en écriture visuelle et proposent donc le passage de la visualisation en onde alpha en ondes bêta dans un souci de renforcement.

2.2.4.1 Fabrication de modèles ou gabarits

La méthode est toujours la même, le coach confectionne des gabarits qu'il pourra utiliser en séance. Il n'y aura qu'à compléter en fonction de ce que dit son client soit par le coach lui-même soit par le client s'il désire écrire ou dessiner. Chaque coach peut imaginer ses propres modèles. Ci-après, vous trouverez quelques idées que j'ai eues en me servant des exercices appris lors de ma formation chez Linkup Coaching.

Comme le dit Vanina Gallo, toujours dans le livre « Penser en images »[16] les modèles doivent être visuels, synthétiques, pragmatiques et inspirants. Pour cela, en trame de fond, on peut utiliser des images symboliques telles que :
- ➢ L'arbre pour les différents aspects d'un projet.
- ➢ L'escalier pour montrer une progression, un ordre du jour, un objectif.
- ➢ Un iceberg pour parler des problèmes visibles et non visibles d'une mission.
- ➢ Une route vers le soleil pour les visualisations.

2.2.4.1.1 Les Drivers

Sur ce dessin les 5 drivers y sont, mais on peut imaginer ne laisser que ceux qui ressortent à partir du moment où, le client ayant rempli le tableau, nous connaissons ses drivers déterminants.

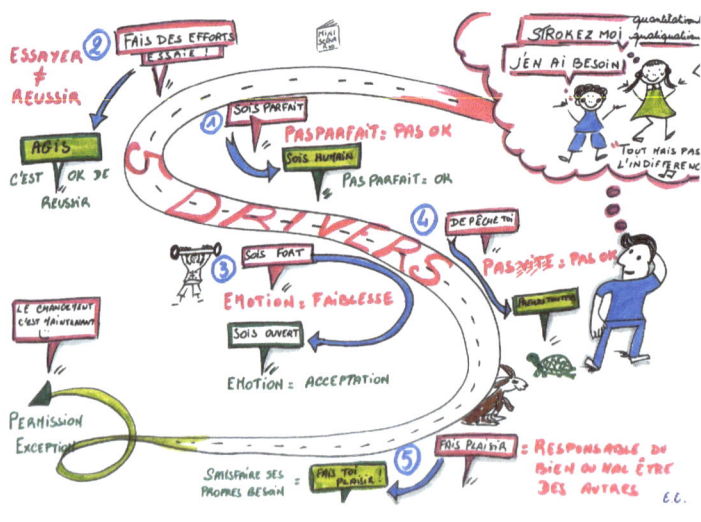

---
[16] Gallo V. (2017). *Penser en images.* Paris : Mango

2.2.4.1.2 Les plaisirs

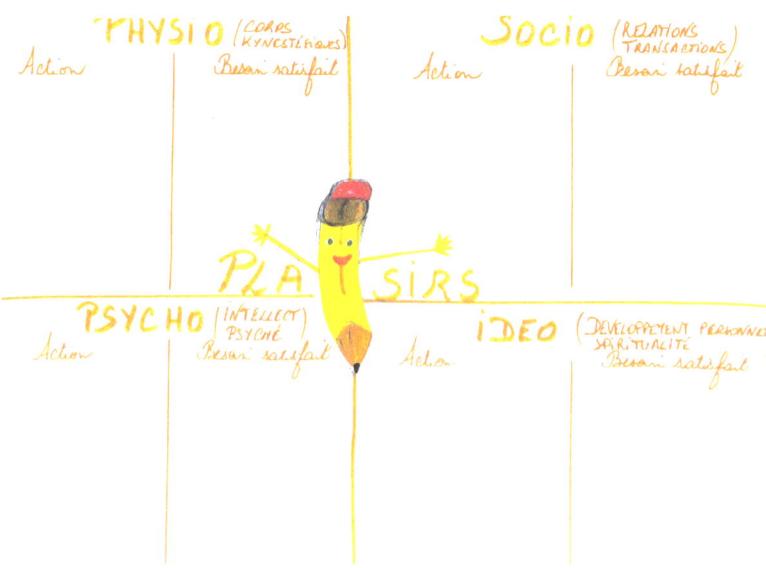

2.2.4.1.3 Mesure du stress

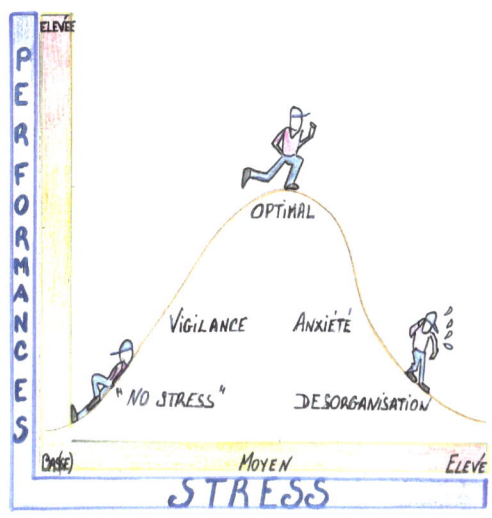

Si le stress est dans l'ensemble négatif pour le client, alors le coach peut utiliser le gabarit suivant :

2.2.4.1.4 Les forces

2.2.4.1.5 Les six chapeaux de Bono

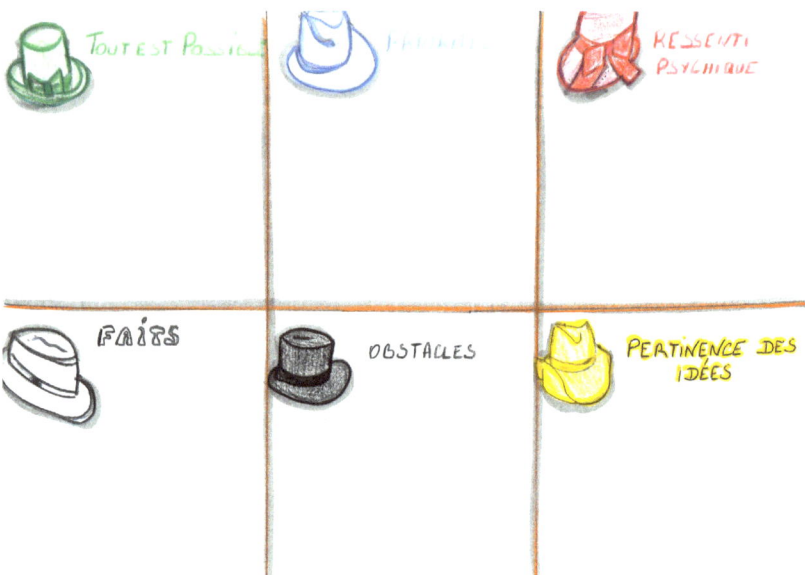

2.2.4.1.6 Les 6 domaines de consciences de Bateson

Suite au Bateson, on peut envisager de ne pas « redescendre « tout en expliquant » ce qu'a dit le client, mais en lui montrant le dessin. Ce gabarit peut servir de base. On peut aussi imaginer que le coach dessine alors la scène visualisée par le client en même temps que le client gravit les marches de son Bateson.

2.2.4.2 **Dessin de la visualisation**

Pour tous les exercices ci-dessus, bien sûr, il est possible ensuite de dessiner les réponses des clients pour leur donner en visualisation.

Certains exercices peuvent donner lieu à des retranscriptions visuelles et si le sketchnoting est maîtrisé alors cela peut être fait directement en séance avec calibrage en situation. Je donnerai deux exemples :

2.2.4.2.1 Les valeurs

Les trois valeurs trouvées sont mises en scène dans un dessin en rapport avec ce que le client a dit après questionnement.
Exemple : C. séance 2

2.2.4.2.2 Le score

Ex : S. séance 5

Parti de la demande « Je ne veux plus me laisser embarquer dans mon boulot », à la suite du questionnement et du déplacement sur une feuille A4 de l'exercice du score, la demande a émergée sous la forme : « Je veux prendre du temps pour moi sans culpabiliser ». Voici le dessin qui en découle et sur lequel le coach et le client peuvent travailler la séance suivante.

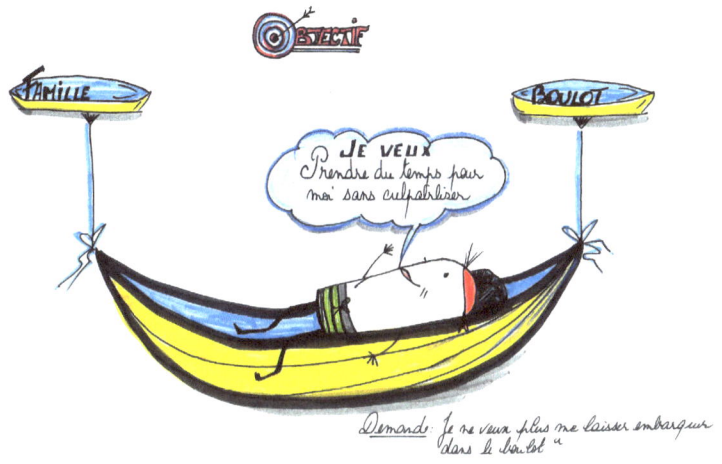

Toutes ces visualisations dessinées permettent d'avoir ainsi une vue d'ensemble et favoriser tout en renforçant la position méta par rapport au dessin. Cela permet une prise de conscience voire même l'expression d'émotion grâce à un autre angle de vue.

2.2.5 Pour tout coaching

Cette technique de visualisation par le dessin, ce coaching visuel comme l'appelle Vanina Gallo est applicable pour toutes les sortes de coaching, que ce soit coaching individuel ou en groupe, mais aussi pour toutes spécialisations : de la gestion mentale, en passant par le coaching scolaire, en entreprise, mais aussi en gestion du stress, des conflits, de carrière et évolution... Il n'y a pas de limites d'application. Tout coach peut l'utiliser en toute situation.

Prenons pour étayer cette affirmation l'exemple de la facilitation graphique en entreprise qui est de plus en plus plébiscitée, car innovante, créatrice et surtout efficace dans la résolution de problèmes notamment en équipe. La puissance de cet outil n'est plus à prouver alors pourquoi ne développons-le en coaching ou thérapie ?

Il en va de même en **coaching scolaire.**

Je connaissais mon métier de prof et ce que je pouvais apporter. À travers mon expérience en maternelle durant trois ans, j'ai fait face à mes limites, contrainte aussi par le système. Cela m'a permis de ne plus vouloir prendre en compte seulement l'aspect pédagogique. Les émotions, la confiance en soi, l'estime de soi, les différentes intelligences émotionnelles sont primordiales dans la construction identitaire d'un enfant. Accompagner les enfants et les parents dans cette quête m'est alors apparue comme une mission de vie. Et, les outils de la pensée visuelle sont devenus mes alliés dans la réussite de cette mission.

Les cartes mentales et le sketchnoting sont tous les deux de nouveaux axes d'apprentissages favorisant l'intégration d'informations, la mémorisation, mais aussi la résolution de problèmes. Le côté visuel, ludique et attractif notamment du dessin et par le même du sketchnoting sera d'autant plus apprécié des jeunes. Le fait de voir la mise en pratique du coach dans sa manière de prendre des notes est déjà formateur pour l'élève.

C'est un apport supplémentaire pour les parents d'avoir le résumé de la séance, un outil qui permet la discussion et une meilleure compréhension. Lorsque le profil d'apprenant est tracé par ex, profil de compréhension, de motivation et d'identité, il est intéressant que parents comme enfant soient conscients de ce qu'il en est. Toutefois, il est important de garder confidentiel ce que l'élève ne veut pas transmettre dans un souci d'un rapport collaboratif de confiance.

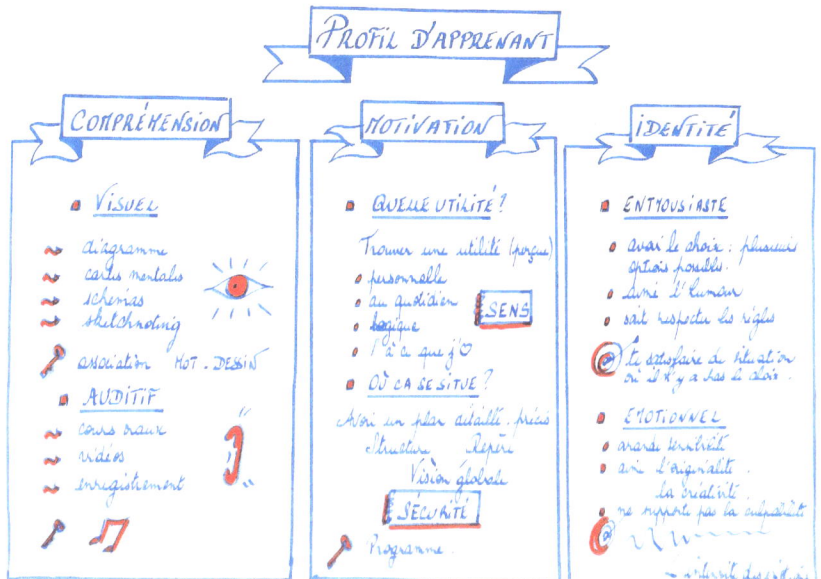

Avis de parents :

« Le coach transmet ainsi des informations au parent à travers le résumé, et cela l'aide à mieux cerner le profil de" son "enfant et ensuite à en discuter avec lui. Parent et enfant peuvent donc échanger à partir de ce que le coach a proposé à l'enfant. Il y a donc interréaction entre les 3 partenaires : enfant, coach et parent.

Nous avons une trace qui nous donne envie d'y retourner facilement. La lecture est rapide et synthétique. En un coup d'œil, on peut se remémorer toute la séance.

Cela permet de savoir où se situe mon fils et à moi de comprendre.

De pouvoir aider son enfant à appliquer ces méthodes à la maison.

Ça aide à gagner du temps dans le travail de l'enfant et à être plus confiant. »

Apprendre à s'apprendre est aussi une forme d'apprentissage et cela à tout âge.

Il en va de même pour le coach formateur. Le cours magistral, fondé sur un mode binaire issu du constructivisme de Piaget, ne prend en compte que la dimension cognitive et non affective. Il faut aller vers le connexionnisme où tout est question de capacités et d'agilité à activer les connexions de types facilitatrices et/ou inhibitrices dans son cerveau, mais aussi vers la métacognition qui est cette aptitude à analyser et ajuster ses comportements, à se poser des questions pour s'évaluer. Ce sont des facteurs fondamentaux à la facilitation de l'apprentissage.

L'écriture visuelle accompagne ces démarches en favorisant les canaux d'apprentissages VAKOG. C'est pourquoi il serait envisageable d'enseigner cette méthode non seulement en spécialisation, mais aussi pour la formation de coach formateur en l'utilisant soi-même en tant que formateur.

En effet, quoi de mieux d'apprendre une méthode en la vivant soi-même en tant qu'apprenant !

Ce livre touche à sa fin. Alors ? Les outils de la pensée visuelle sont-ils des outils efficients au service du coaching ?

CONCLUSION

Alors « Est-ce que les outils de la pensée visuelle peuvent devenir outils au service du coaching ou de tout accompagnement ? »

« Il y a des paliers dans une existence, et c'est la mise en commun d'approches pluridisciplinaires qui permet souvent de travailler sur soi, sans rester dans une zone de confort, où le cerveau n'a pas le temps de trouver de parades par habitude », m'a dit un jour mon ami Éric Mazurier.

Allier l'approche visuelle aux méthodes de tout accompagnement, c'est donner une nouvelle dimension au travail sur soi.

Le coaching ou tout accompagnement a de nombreux outils qui les rendent puissants et efficaces. La technique du questionnement reste et restera l'incontournable clé à la prise de conscience et à l'émergence de solutions propres au client/patient. Certes, le coaching n'a pas un besoin vital d'un nouvel outil, mais tout nouvel outil peut l'enrichir et contribuer à élargir sa pratique.

Tout au long de ce livre, les avantages à utiliser la pensée visuelle en coaching ont été mis en avant.

Le résumé par le dessin est un **outil de renforcement** qui prend en compte les *3 P : Permission, Protection et Puissance* et sert de support aux *4 R : Reformulation - Recontextualisation-Renforcement-Résumé*.

Il est facilitateur de communication et de prise de conscience favorisant ainsi le rapport collaboratif.

La prise de note en cartes mentales, quant à elle, clarifie aussi les idées du coach et renforce l'intentionnalité de son questionnement. On peut affirmer qu'elle est un outil idéal pour tout coach ayant une pensée visuelle prédominante. Du point de vue du client/patient, le dessin comme résumé de séance peut trouver une place au sein du coaching en complément de ce qui existe déjà sans en prendre la place.

Il faut, toutefois, rester vigilant quant à bien mesurer l'influence du dessin sur le client afin qu'il reste autonome et que les représentations dessinées ne soient pas celles du coach.

La technique du petit vélo est, à ce moment-là, primordiale et le calibrage indispensable. La priorité est donnée à la déontologie du coaching ou de tout accompagnement à savoir respecter par le récapitulatif visuel, au même titre que le questionnement, l'ontologie du client.

Rendre le dessin évolutif, proposer au client qu'il dessine lui-même ce qu'il a visualisé, et maîtriser les techniques de prise de notes sont trois pistes pour éviter l'influence du coach sur son client.

Alors convaincus ? Pour ma part, OUI !!! Visualisé pour mieux accompagner est un diamant brut que l'on tient en main, au bout de ses doigts guidés par le professionnalisme et l'intuition. Il ne reste plus maintenant qu'à le tailler par l'expérience et la diffusion de ces techniques.

La sérendipité a tapé, en 2018, à ma porte. Je n'avais pas cherché, mais Eureka, j'ai trouvé. La pensée visuelle est un outil efficient au service du coaching ou de tout accompagnement.

Je suis « Coach professionnelle, facilitatrice graphique au service du changement », je pratique un coaching dit visuel

Allez, un dernier dessin pour le mot de la fin !

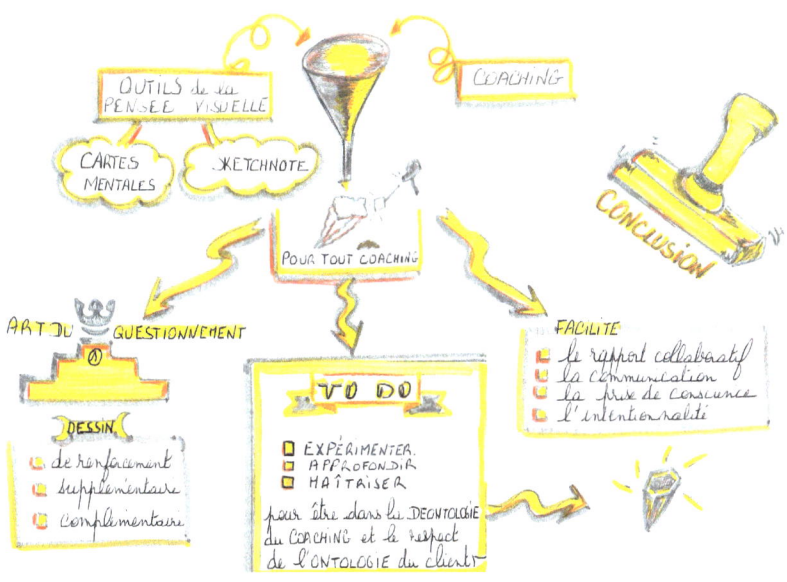

Table des matières

Préface 5
Introduction 9

1 - THÉORIE 11
  1.1   La pensée visuelle 11
    1.1.1   Le mécanisme de la pensée 11
       1.1.1.1   Système 1 et 2 selon D. Kahneman 12
       1.1.1.2   Qu'est-ce que la pensée visuelle ? 14
    1.1.2   Neurosciences 15
       1.1.2.1   Théorie des hémisphères cérébraux 15
       1.1.2.2   L'ergonomie cognitive 15
       1.1.2.3   Qu'est-ce que la visualisation ? 18
       1.1.2.4   La visualisation : un outil efficace en accompagnement 20
  1.2   L'écriture visuelle 21
    1.2.1   De la pensée à l'écriture visuelle 21
       1.2.1.1   La graphicatie 21
       1.2.1.2   Carte mentale et sketchnoting 23
    1.2.2   Les outils de la pensée visuelle 27
       1.2.2.1   Les cinq éléments de la boîte à outils 27
       1.2.2.2   Le pouvoir des couleurs 27
    1.2.3   Les avantages 30
       1.2.3.1   Inutile de savoir dessiner 30
       1.2.3.2   Le atouts de la pensée en images 32

2 - PRATIQUE 35
  2.1   Pour l'accompagnant et l'accompagné 35
    2.1.1   Intensifier le rapport collaboratif 35
       2.1.1.1   Une relation empathique 37
       2.1.1.2   Une relation authentique 39
       2.1.1.3   Une relation chaleureuse 40
       2.1.1.4   Professionnalisme 40
    2.1.2   Des souvenirs restituables plus facilement 41
    2.1.3   D'autres avantages 43
    2.1.4   Y a-t-il des limites à cet outil ? 44
       2.1.4.1   Témoignages 44

  2.1.4.2 Quelles seraient les limites ? 59
2.2 **Pour le coach** **65**
 2.2.1 Haut sur le cadre 65
 2.2.2 Au service des 4 R 66
  2.2.2.1 Reformulation 67
  2.2.2.2 Recontextualisation 68
  2.2.2.3 Renforcement 68
  2.2.2.4 Résumé 68
 2.2.3 Le mind-maping comme prise de notes 69
 2.2.4 Les outils de coaching déjà existant renforcés par la facilitation graphique 71
  2.2.4.1 Fabrication de modèles ou gabarits 71
   2.2.4.1.1 Les Drivers 72
   2.2.4.1.2 Les plaisirs 73
   2.2.4.1.3 Mesure du stress 73
   2.2.4.1.4 Les forces 74
   2.2.4.1.5 Les six chapeaux de Bono 76
   2.2.4.1.6 Les 6 domaines de consciences de Bateson 76
  2.2.4.2 Dessin de la visualisation 77
   2.2.4.2.1 Les valeurs 78
   2.2.4.2.2 Le score 78
 2.2.5 Pour tout coaching 79

CONCLUSION **85**

Bibliographie **93**

Remerciements **95**

Bibliographie

- Kahneman D (2011). <u>*Système 1 et système 2, les deux vitesses de la pensée*</u>.
Paris : Flammarion.

- Borges J-L. (2014). *Fiction* (8) dans une de ses nouvelles intitulées « *La mémoire de Funes* » Paris : Gallimard

- Nixon R. et Lancelot A. (2017). *La visualisation positive pour les Nuls*. Paris : Éditions First

- Gallo V. (2017). *Penser en images*. Paris : Mango

- Maître C. (2015). *Comprendre la pensée visuelle pour mieux apprendre et mieux communiquer*. Disponible sur : https://www.youtube.com/watch?v=Kl2PbMMFoYk [02/09/2018].

- Maître C. (2017) *comprendre la Pensée visuelle pour mieux apprendre et mieux communiquer* disponible sur : *https://www.youtube.com/watch?v=DYMfVInB4cY* (02/09/2018)

- Boukovsa P. (2014) la graphicatie : reconnaître les compétences visuelles. Disponible sur : http://www.heuristiquement.com/2014/04/graphicatie.html (02/09/2018)

- Aldrich F. et Sheppard L. (2000) 'Graphicacy' : the fourth 'R' Primary Science Review, 64, 8 - 11,

Remerciements

À ma famille...
Tout d'abord je remercie mes enfants, Ambre et Nathan, pour m'avoir suivie dans cette aventure littéraire, mais aussi dans mon changement de métier.

Ambre, ma fille, mon petit zèbre, Nathan, mon fils, mon « bogosse », j'ai de la chance de vous avoir à mes côtés. Vous êtes de belles âmes. Trouvez votre mission et vous aurez tout pour être épanouis. Vous avez beaucoup à transmettre et de belles choses à vivre. Faites confiance à l'univers ;-).

À mes parents, qui m'ont donné ce beau cadeau qu'est la vie et qui ont contribué à la personne que je suis aujourd'hui : cette femme qui a décidé à la quarantaine de quitter un travail assuré afin de prendre sa destinée en main et voler vers ce qui la fait vibrer pour en faire son métier.

À ma sœur Valérie, pour son grand cœur et sa générosité

À tatie Ginette, sans qui le café du matin aurait un moins bon goût

À Vincent, mon beau peintre qui colore ma vie pour la rendre plus magique

Je vous aime.

À mes amis et à mes belles rencontres

À Marc, Dina, Antoine, Sandrine, Véronique, Nadine, Karine, Céline, mes copines de Sainte-Geneviève... vous êtes dans mon cœur

À Franck Mitouart, un jour en exercice, tu m'as dit « Est ce que vous êtes quelqu'un qui va jusqu'au bout des choses ? » et…. J'ai pleuré… Tu vois, si aujourd'hui j'écris ces remerciements c'est que cette fois-ci, je suis allée au bout du bout des choses, je n'ai plus peur d'être à la hauteur. Plus qu'un coach, un ami

À Éric Mazurier, il y a des âmes faites pour se rencontrer et c'était le cas pour nous deux. Tu m'as ouvert à la spiritualité, et ta bonté et ton ouverture d'esprit font de toi une belle âme.

À Éric Dexheimer, ton regard admiratif de grand photographe sur mes planches m'a donné le courage d'imaginer que la facilitation graphique pouvait être un nouvel outil du coaching. Tu es le déclic pour le sujet de mon mémoire et pour sa transformation en livre. Toute ma gratitude.

À Livio Didier, pour sa confiance, son ambition, sa détermination et sa gentillesse

À Pierre-Henry Wilhelm pour son talent de photographe, son énergie, son professionnalisme.

À mes coachés, à mes élèves, aux parents qui, chaque jour, me donnent leur confiance et me font grandir dans mon métier.

À moi, pour avoir eu le courage de vivre mes rêves plutôt que de rêver ma vie ;-)

Livio Éditions
184 Avenue Frédéric Mistral
83110 Sanary-sur-Mer
ISBN : 978-2354550271
Collection Papillon
Prix de vente TTC : 15€
Dépôt légal : septembre 2019
Préface : Eric Dexheimer
Crédit photo portrait : Pierre-Henry Wilhelm

www.ingramcontent.com/pod-product-compliance
Lightning Source LLC
Chambersburg PA
CBHW042341150426
43196CB00001B/10